敏感っ子を育てるママの不安がなくなる本

「立ち直る力」育成編

「子育ち」研究家&ライター
長岡 真意子［著］

秀和システム

はじめに

すぐ凹む敏感っ子に必要な「立ち直る力」＝レジリエンス

「えっ、この子って、こんなことで凹んじゃうの⁉」

敏感っ子を育てるお父さん、お母さんなら、そう驚かれたことがあると思います。

たとえば、

お友達や先生のちょっとした言葉や仕草に凹む。
機嫌が悪い人の傍にいると凹む。
自分がした言動がその場にふさわしくなかったと凹む。
テレビや映画を観て凹む。
お友達よりできないことがあると凹む。
少しの間違いにも凹む。

敏感っ子は、周りの物事を強烈に感じ取るため、大多数の人にとっては些細だと思われることにも落ち込んでしまうことがあります。

その上、いったん凹むと、何度もそのことを思い出し、なかなか立ち直れなかったりします。

傍で見ている親は、「こんなことで、この子はこれからやっていけるのだろうか」と不安になってしまうでしょう。

5人の敏感っ子を育てる私自身も、何度もそうした体験をしてきました。

こんにちは、子育ち研究家でライターの長岡真意子です。

前作『敏感っ子を育てるママの不安がなくなる本』が大変好評で、今もたくさんの方々に読んでいただいています。こうした反響の大きさは、敏感っ子が育つための知恵が、今、どれほど必要とされているかを示しています。

この本では、凹みやすい敏感っ子が、この社会で生きていくために必要不可欠な**「立ち直る力＝レジリエンス」を育むヒント**をまとめました。

感受性の鋭さゆえに何度も何度も凹んでしまう敏感っ子ですが、「立ち直る力」さえあれば、その豊かな感性を活かしつつ、この世界を生き生きと駆け抜けていけるでしょう。

敏感っ子はレジリエンスを育みやすい

レジリエンスとは、元々物理学で用いられてきた言葉で、「モノが元に戻る力」を指します。心理学では「**困難を跳ね返し立ち直る力**」とされています。

心理学におけるレジリエンス研究ではその初期から、精神病を持つ親や貧困家庭といった過酷な育成環境にあって、そうした環境に大きく影響を受ける子と、それほど影響を受けず健やかに育つ子がいるということに着目してきました。

50年近い歴史を持つ研究が私達に教えてくれるのは、「**レジリエンスは、生まれつき高い子と低い子がいるものの、後天的に育むことができる**」ということです。

ここで、敏感っ子を育てる親にとって、とても嬉しいニュースがあります。

ハーバード大学の研究によると、「高度に敏感な（highly Sensitive）人は、働きかけによって、著しくレジリエンスを高めることができる」というのです[1]。

(1) 'InBrief: The Science of Resilience' The center on the developing child, Harvard University

このことは、敏感っ子の性質を考えれば納得できる話です。

敏感っ子は、まるで「吸い取り紙」のように、周りの物事をぐんぐんと吸収します。ネガティブな物事にも大きな影響を受けがちですが、同時に、ポジティブな物事にも影響を受けるのです。

ですから、たとえどんなに敏感で凹みやすい子であっても、周囲が普段の言動や環境に少し心を配ることで、レジリエンスを高めることができるでしょう。

我が家でも、まさにそうした変化を実感しています。5人とも、すぐに凹んでしまう敏感さは今もそのままです。それでも、「立ち直る力」は確実に高まり、周りの物事に向き合う自信や喜びへとつながっています。

困難は糧にすることができる

この6年間、我が家は様々な事情により、ほとんど毎年引っ越しをしています。しかも、16年間暮らした米国アラスカ州をあとにして以来、米国東海岸部→米国東海岸内陸部→東京→米国東海岸内陸部→カリブ海の島と、海を跨ぎ、異なる文化や言語を持つ地域から地域への引っ越しです。

わずかな変化も強烈に感じる敏感っ子にとっては、非常に過酷で厳しい環境だったといえるでしょう。

実際、東京への引っ越しに反対した当時高校生の長女は、ネットをリサーチし、「引っ越しで環境が変わり続けることが、いかに子どもの心身の健やかさを損なうか」といった記事を手に、私と夫に泣きながら抗議しました。周りの人々の中には、「子どもが可哀そう」と言う方もいました。

それでも、様々な選択肢を吟味した末、このあり方が、今の私達家族にとってできる限りの最善という結論にたどり着いたのです。だとしたら、あとは何としても、限られたリソースの中で、子ども達が健やかに育つ方法にフォーカスするしかありません。

家族で何度も話し合い、必死の思いで文献を読み漁り、子ども達が厳しい状況でも健やかに育つために、「何が必要なのか?」「どうしたらその必要とするものを手に入れることができるのか?」と問い、試し続けてきました。

そうして、困難をしなやかに跳ね返す「立ち直る力＝レジリエンス」を育むことは、私達家族にとって最も大切なテーマとなりました。

悲しみに暮れながら始まった東京での生活で、かけがえのない体験をいくつも重ねた長女は、1年後、日本が大好きになっていました。そして、米国へ戻り他州の大学へと旅立つとき、満面の笑みを浮かべ、こう言いました。

「引っ越しの前に比べると、今の私は別人のよう。これから大学に入って起こるだろう大変化も、『自分なら何とかできるだろうな』って思えるんだもの」

私は、巣立つ長女を抱きしめながら、涙が止まりませんでした。

人生には様々な出来事が起こります。その中には、ときにきついことやつらいこともあるものです。

でも皆さん、困難は、糧にすることができます。

人生に起こった出来事を変えることはできません。しかし、出来事にどう向き合うかは変えることができます。「立ち直る力＝レジリエンス」を身につけることで、日々の荒波を着実に越えていくことができるでしょう。

すぐに凹んでしまう敏感っ子の豊かな感受性を大切にしながら、「立ち直る力」

を育んでいきましょう。レジリエンスは、世界へと踏み出していく敏感っ子にとって、かけがえのない贈り物となるでしょう。

本書では、国内外多数の文献と、二男三女の親として、また講師として幼児から大人まで約８００人を20年間サポートした体験に基づき、レジリエンスを育むための具体的な関わり方を紹介します。

一人でも多くの敏感っ子と敏感っ子を育てる親御さんが、人生をより謳歌する助けとなりますことを心より願っています。

長岡　真意子

第3章 敏感っ子が立ち直るために必要な「6つの力」
① ネガティブ感情とうまくつき合う力を育む

第5章 敏感っ子が立ち直るために必要な「6つの力」③「自分ならできる」と踏み出す力を育む

第8章 敏感っ子が立ち直るために必要な「6つの力」⑥ 楽しむ力を育む

第9章 親にも必要な「立ち直る力」の育み方

第1章

傷つきやすい敏感っ子にこそ「立ち直る力＝レジリエンス」が必要

1 我が子に何を望みますか？

皆さんは、我が子に何を望みますか？

21年前、子育てを始めたばかりの頃は、私も様々な望みを持っていました。

たとえば、バイリンガルになってほしい、勉強ができる子になってほしい、創造力のある子になってほしい、将来やりがいのある仕事についてほしい、社会に少しでも貢献できる人になってほしい、周りから愛される人になってほしい、などです。

でも、たとえそうした親の願いが叶い、子どもが親の描く「理想の人」に成長したとしても、困難にぶつかり、心が折れ、立ち直れなくなってしまったらどうでしょうか？

人生には順風満帆に風を切って進むときだけではなく、困難や逆境にぶつかるときもあります。だからこそ、「何が起こったとしても、この子は必ず立ち直り、自分らしく生き生きと歩き続けていくだろう」と信じられることほど、親としての幸せはないのではないでしょうか。

今、もし「子どもに何を望むか？」と聞かれたならば、私は真っ先に、「立ち直る力＝レジリエンス」と答えます。

世界は、先行きの見えない不透明で混迷した時代に突入しています。一昔前のように、「この学校に入り、この職に就いたならば一生安泰」とも限りません。現在、米国に暮らす私の周りも、パンデミックにより、長年慣れ親しんだ仕事を失った人々で溢れています。

これからはますます、不確かさに満ちた大海原を、個々人が身につけた力やスキルを頼りに泳いでいく必要があるでしょう。

敏感っ子は、周りの物事を強烈に感じ取るため、凹みやすい子が多いです。でも、凹んでも、そのたびに立ち上がればいいんです。

不確かで混沌とした世界へと羽ばたいていく敏感っ子に、ぜひ、立ち直る力が育まれるようなサポートをしていきましょう。

2

敏感っ子についてまず知っておきたいこと①　ＨＳＣ（ハイリーセンシティブチャイルド）の性質

「立ち直る力」についてお話しする前に、前著『敏感っ子を育てるママの不安がなくなる本』でもご紹介した、**敏感っ子＝ＨＳＣ（ハイリーセンシティブチャイルド）**の性質についてあらためて理解しておきましょう。

米国の心理学者エレイン・アーロン氏によると、次の４つの特徴に当てはまる子どもをＨＳＣ（ハイリーセンシティブチャイルド）といいます。大人であればＨＳＰ（ハイリーセンシティブパーソン）と呼ばれます。

ＨＳＣ・ＨＳＰの４つの性質「ＤＯＥＳ」

①情報を深く処理する(Depth of Processing)

「情報を深く処理する」ことは、ＨＳＣ・ＨＳＰの中心的な特徴です。もう少しわかりやすい言葉で言うなら、**物事を深く考えたり感じたりする傾向が強い**ということ。そのため、子どもとは思えないような本質的な質問をしたり、大人びた言葉遣いをすることもあります。

また、あれこれと考えすぎて一歩が踏み出せないこともよくあります。

②刺激を過度に受けやすい(being easily Overstimulated)

視覚、聴覚、味覚、嗅覚、触覚の五感がとても敏感なのも、ＨＳＣ・ＨＳＰの特徴のひとつです。

我が家の例でいえば、次男はとてもまぶしがり。また、音が大きすぎるのが嫌で、幼稚園に通えなくなりました。

味覚の面では、５人の子どもそれぞれにどうしても食べられない味がありました。お皿やお弁当箱の中で、料理の味が混ざるのも嫌がります。

嗅覚についても、やはり全員が敏感で、驚くべきことに匂いでオムツのブランドを言い当てることができます。

触覚については、皆、服のタグがチクチクすると言って、すべて切ってほしがりました。袖口の締まり具合や首のあき具合などにもうるさく、どうしても着ることのできない服が何着もありました。

③感情移入しやすく、共感力がとても高い(being both Emotionally reactive generally and having high Empathy in particular)

「DOES」の「E」は、「Emotionally（感情的な）」と「Empathy（共感）」の「E」です。HSC・HSPは、**人の感情に敏感で、共感力が高く、感情移入をしやすい**という特徴があります。

たとえば、怒られているお友達を見ると、まるで自分が怒られているかのようにおびえて泣いてしまったり、ケガをした人を見ると、痛みに共感して、ケガをした本人よりも激しく泣いたりします。

相手の気持ちを推し量りすぎるきらいがあるため、自分の気持ちを抑えて相手に合わせようとする傾向も見られます。外で我慢している反動で、家庭で癇癪を起こすケースもあります。

④わずかな刺激にも気づく(being aware of Subtle Stimuli)

繊細で感覚が鋭敏なＨＳＣ・ＨＳＰは、遠くの鳥の声や、いつもと違う香り、微妙な味や色彩の違いに人よりよく気づきます。対人関係でも、相手の声のトーンやわずかな視線の動き、ちょっとした仕草を見落としません。

そしてＤＯＥＳは、他にも次のような特徴となって表れるとされています。

□厳しく叱ったり罰を与えるよりも、穏やかに諭すほうが理解しやすい。
□冴えたユーモアのセンスがある。
□完璧主義。
□他者の悲しみや苦しみによく気がつく。痛みに対しても、とても敏感。
□びっくりしやすい。うるさい場所が苦手。何かを動かしたとか、人の見た目の変化など、ささいなことに気がつく。

□服のタグや縫い目、肌触りなど、身に着けるものの不快さを訴え、服が濡れたり汚れたりすると、すぐに着替えたがる。

（アーロン氏のチェックリスト「Is Your Child Highly Sensitive?」より、アーロン氏の許可を得て掲載。訳は著者）

アーロン氏は、ＨＳＣは全人口の15％から20％を占めるといいます。また、ＨＳＣは性質であり障害ではないものの、自閉症スペクトラムや注意欠陥症といった発達障害を併せ持つ場合があるとされています。

思い出したいのは、性質の分類や障害の診断は、親子がより健やかな状態でいられるためにあるということです。もし、日常生活を送る上で、親子で困難が増すようなら、臨床心理士や小児精神科医などの専門家に相談してみましょう。子どもに合った対応法を見つけるために情報を集め、セカンド、サード、フォースオピニオンを活用していきましょう。

3 敏感っ子についてまず知っておきたいこと②「過度激動」と「高反応児」

敏感な性質については、アーロン氏が着目する以前から、研究されてきました。たとえば、周りの物事を、強烈な敏感さをもってとらえる「**過度激動**」という性質の存在があります。これは、ギフテッドの特徴であるという説もあります。

ポーランドの精神科医カジミェシュ・ドンブロフスキ氏が提唱したこの過度激動は、次の「5つの領域」に分類されます。

①感覚性（sensual）の過度激動

見る、聞く、匂う、味わう、触るといった感覚的なことに、強い快感や不快感を感じ、周りが大げさと感じるほど過度に反応することがあります。また、美しいものや音や形や色などに、強い喜びを持ちます。衣類のタグやクラス内の雑音やカフェテリアからの音に気が散り、学校の課題に集中できないことがあります。

②精神運動性(Psychomotor)の過度激動

身体的、またはメンタル的にエネルギーが溢れていること。身体的には、動くことが好きで、感情の高まりや興奮をチックや爪かみなどで表現することがあります。早口で話し続けることもあります。メンタル的には、外見は大人しく見えても、内面では思考や気持ちが激しく動き続けています。競争心が強い場合もあります。

③知性(intellectual)の過度激動

理解と真理を求め、知識を得て分析統合したいという強い願いを持っています。活発な心と強い好奇心を持ち、通常鋭い観察眼を持っています。長時間集中して知的な努力を続けることができ、その気になれば粘り強く問題解決に当たることができます。緻密に計画を立てることを楽しみ、見たことを細部にわたって非常によく覚えています。理論を愛し、思考することそのものや倫理・道徳・社会問題についても考えをめぐらせます。また、独自にものを考えることがあり、ときに批判的な態度をとることもあります。

④想像性(imaginational)の過度激動

詳細に心に思い浮かべたイメージや隠喩をよく用います。精巧な夢を見たり、作り話を空想したり、そうした作り話と現実を混同したり、想像上の友達がいることもあります。決まった学習カリキュラムを優先するようなクラスでは、物語を書いたり絵を描いたりと想像の世界に入り込み、授業のペースに合わせるのが難しいこともあります。

⑤感情性(emotional)の過度激動

感情が激しく高ぶり、様々な感情が極端な方向に振り切れることがあります。他人の感情をよく察知でき、強い感情表現をすることがあります。人間関係というものを非常によく理解し、人・物・場所などに強い愛着を持つことがあります。思いやりがあり、共感力が高く、人間関係に敏感です。また、自分自身の感情自体を鋭く認識し、しばしば自問自答を続けます。強い感情が、赤面や胃痛などの身体的な症状となったり、死を恐れたりウツになったりすることもあります。他人に対する思い入れが強すぎたり、感情が激しすぎたりすることがあります。

周囲からの刺激に強く反応する高反応児

発達心理学のパイオニアとされる米国の心理学者ジェローム・ケーガン氏も、敏感な子についての研究を報告しています。

ケーガン氏は、生後4か月の乳児に救急車のサイレンの音を聞かせたり、動く玩具などを見せたりして「様々な刺激」を与え、どのような反応をするか研究しました。その結果、手足をばたつかせ泣き叫ぶなど、より強く反応する「**高反応児**」が一定数いることが明らかにされました。周りの刺激を強烈に感じる高反応児は、全体の約20%を占めるとされています。

その子ども達を2歳、4歳、11歳の時点で再び観察したところ、高反応児の多くはより繊細で内向的な性格になっていたといいます(1)。

(1) Kagan, J. 1997. Galen's Prophecy: Temperament in Human Nature. USA: Westview Press. ISBN 9780813333557.

敏感っ子の研究が教えてくれる３つの大切なこと

これらの研究は３つのことを教えてくれます。

ひとつは、**生まれつき敏感な性質を持つ子は一定数いる**ということです。

もうひとつは、**敏感な性質を理解する大切さ**です。大多数の子にとっては影響のない関わり方が、敏感っ子にはよい影響を与えない場合もあります。

そして最後に、**関わり方に気を配りさえすれば、敏感っ子は健やかに育つ**ということです。ＨＳＣ、ギフテッド、高反応児とされる子どもの多くは、より適切な対応をされることで、健やかに育っています。

敏感っ子についての研究は、これからも進んでいくでしょう。そして、敏感な性質についての理解が広まることで、自分の性質に誇りを持ち、人生をより楽しむ敏感っ子がますます増えていくに違いありません。

4
「立ち直る力」の仕組みと、「立ち直る力」を育む7つの要素

「立ち直る力＝レジリエンス」の仕組みを理解するには、ハーバード大学子ども発達センターが示す「天秤モデル」の説明がわかりやすいでしょう。

私達の心の中には天秤があると思ってください。そして、日々、次から次へと起きる物事が、天秤の皿に積まれていくと想像してみてください。

片方には、喜び溢れる「ポジティブな物事」が、もう片方にはつらく悲しい「ネガティブな出来事」が積み重なっていきます。

ショックで悲しみに暮れるような物事にぶつかったら天秤は大きくネガティブ側へ傾き、飛び上がるほど嬉しいことがあれば、天秤はポジティブ側に大きく傾きます。日々出会う出来事によって、人はポジティブ側に傾いたり、ネガティブ側に傾

いたりするとイメージしてみましょう。

では、天秤の「支点」をズラしてみるとどうなるでしょうか？

天秤のポジティブ側の「腕」が長くなるよう支点をズラせば、ネガティブな物事が重なっても、ネガティブ側に傾きにくくなります。逆に、ネガティブ側の腕が長くなるよう支点をズラすと、いくらポジティブな物事が積み重なっても、よりネガティブ側に傾きがちになります。

「立ち直る力＝レジリエンス」を高めるとは、この「支点」をポジティブ側の腕が長くなるようズラしていくこととされています。

ポジティブ側の腕が長ければ長いほど、たとえネガティブな出来事が起こっても、天秤はポジティブ側に傾いたままです。このポジティブ側に傾きやすい天秤の状態が「高いレジリエンスを身につけた状態」です。

ポジティブな物事もネガティブな物事も強烈に感じる敏感っ子の毎日は、激しく上下するシーソーのように天秤が揺れ動いている状態といえるかもしれません。しかし、レジリエンスを身につけた敏感っ子は、多少のネガティブな出来事には動じず、ポジティブ面に傾いていられるようになります。

心の中の天秤

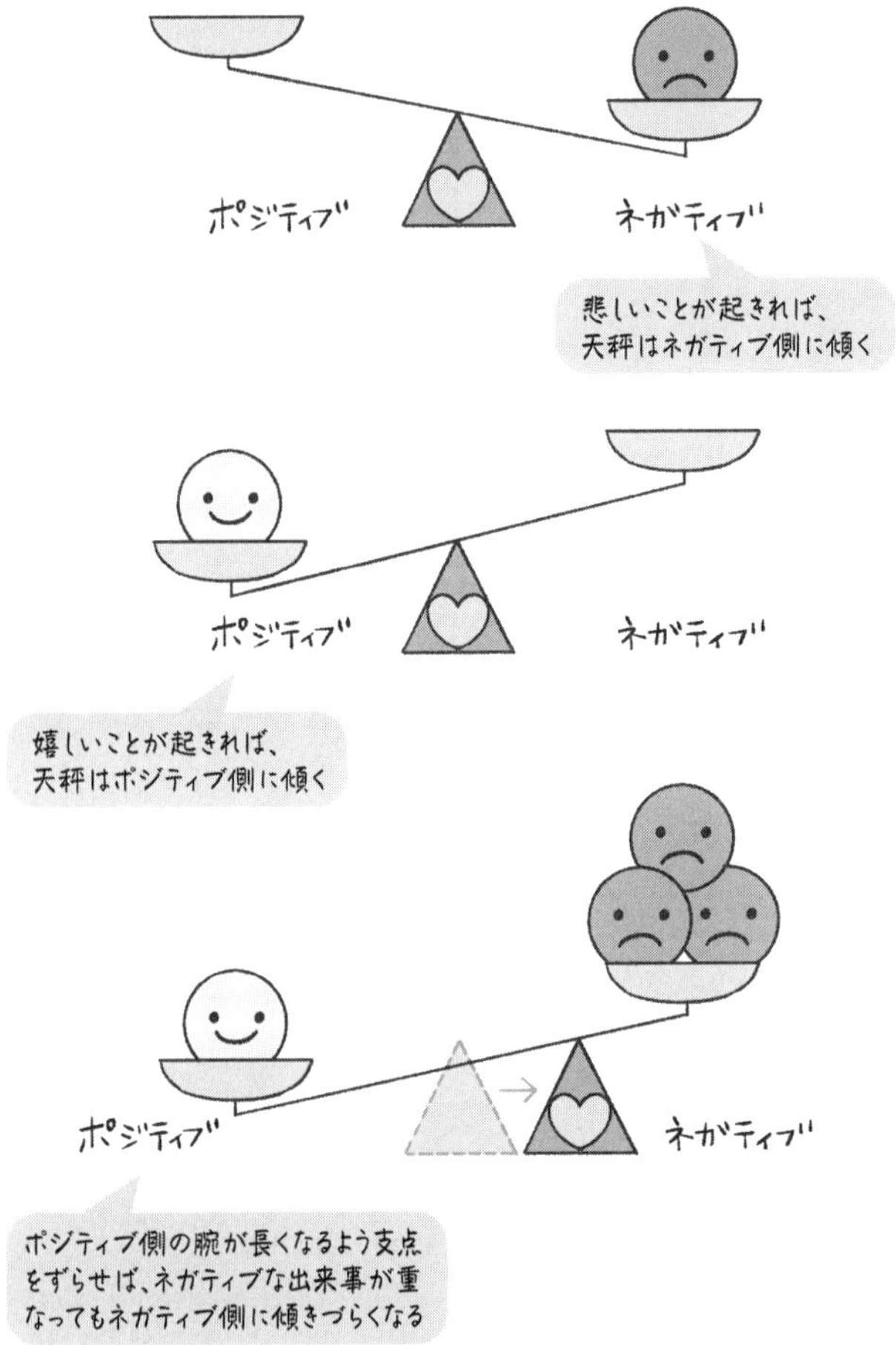
ポジティブ
ネガティブ
悲しいことが起きれば、
天秤はネガティブ側に傾く
ポジティブ
ネガティブ
嬉しいことが起きれば、
天秤はポジティブ側に傾く
ポジティブ
ネガティブ
ポジティブ側の腕が長くなるよう支点
をずらせば、ネガティブな出来事が重
なってもネガティブ側に傾きづらくなる

「立ち直る力」=レジリエンスを身につけた状態

では、「ポジティブ側に傾きやすい天秤を手に入れる＝レジリエンスを育む」には、どうしたらいいのでしょうか？

「立ち直る力＝レジリエンス」を育む７つの要素

「立ち直る力＝レジリエンス」とひとことで言いますが、実は単独の力ではありません。レジリエンスには様々な要素が合わさっているとわかっています。個々の要素を育むことで、「ポジティブ側に傾きやすい天秤を手に入れる＝レジリエンスを育む」ことができます。

本書では、レジリエンスを構成する要素を、次の７つに整理しました。「温もりある信頼関係」の構築と、②〜⑦の６つの力です。

①温もりある信頼関係
②ネガティブな感情とうまくつき合う力
③現実をとらえる力

④「自分ならできる」と踏み出す力
⑤他者と共生する力
⑥自分は成長すると信じる力
⑦楽しむ力

では、７つの要素を育むためにはどうすればよいのかを、第２章で具体的に見ていきましょう。

第2章

「立ち直る力」を育む基礎
～親子間の温もりある信頼関係の築き方

1

「立ち直る力」を育むために最も重要なのは「親子間の温もりある信頼関係」

子どもの立ち直る力を育むために、親としてまずできることは、親子間に温もりある信頼関係を築くことです。

先に挙げたハーバード大学での研究をはじめ、多くの研究が、レジリエンスを育むために最も大切なのは「温もりのある信頼関係」であると説いています。

米国心理学会も次のように明記しています(1)。

「レジリエンスの最も重要な要素は、思いやりのある支援関係を家族内や家族外に持つことです。愛と信頼を生み出し、ロールモデルや励ましや安心感を提供する関係が、レジリエンスを最も強化します」

子どもが困難に出会い、落ち込んで倒れてしまっても、寄り添い、励まし、自分

(1) The Road to Resilience. American Psychological Association

の可能性を信じてくれる存在があれば、再び立ち上がり歩き出せるでしょう。

とはいえ、親も人間です。お互いに異なる感情や思いを持っていますから、四六時中一緒に暮らしていれば、ときにイラついたり、怒りがこみ上げたりするのは当然です。「温もり」や「信頼」を築くこととは正反対の言動になってしまうこともあるでしょう。特に、強烈な感情を持つ敏感っ子を育てていれば、なおさらです。

まずはここで、大切なことを確認しておきましょう。

これから本書では、立ち直る力を育むための様々な知恵や方法を紹介していきますが、常に覚えておきたいのは、「**完璧である必要はない**」ということです。

私達はトライ&エラーを繰り返しながら、自分なりのペースで、少しでもよい方向へと向かっていけばよいのです。そうした親の姿を、敏感っ子はよく見ています。敏感っ子は完璧を目指しすぎるところがありますが、トライ&エラーを繰り返す親の姿を見て、「完璧じゃなくても、自分なりに工夫し、歩き続ければいいんだ」と学ぶことができます。

第2章では、親子間に温もりのある関係を築くために「何ができるか？」を考えます。そして、できることから、できる範囲で、工夫し実践していきましょう。

2

敏感っ子に適しているのは「民主的子育てスタイル」

敏感っ子は、目の前の相手をよく見ています。頭ごなしに従わせようとする相手には心を開くのが難しく、不信感を募らせるでしょう。そして自分自身の強い気持ちや思いを抑え込み、ストレスも増やしてしまいます。

敏感っ子が最も安心し、自分らしく健やかに伸びることができる環境とは、自分の気持ちや思いが尊重され、話し合いによって物事を進めることができると信じられる場です。

世界中で50年近く続けられている子育てについての研究によれば、敏感っ子に適したこうした子育て環境は、**「民主的子育てスタイル」**と呼ばれています。子育てには他にも3つのスタイルがあり、全部で次の4つのスタイルがあると報告されています。

①民主的子育てスタイル……子どもの気持ちや思いを尊重し、話し合いによって物事を進める。
②独裁的子育てスタイル……子どもの気持ちや思いを考慮せず、(体)罰などを用い、厳しく一方的に従わせる。
③消極的子育てスタイル……子どもを(女)王様のように扱い、何でも子どもの好きなようにさせる。
④無関心な子育てスタイル……子どもに関心を向けることなく放置する。

世界中のどの地域においても、子どもが最も健やかに育つのは①の民主的子育てスタイルです。②③④の子育てスタイルでは、多くの子どもが、社会的スキルに欠け、不安感や鬱など情緒面でも問題を抱えやすくなるとわかっています。(2)

敏感っ子は、「吸い取り紙」のようにその場の雰囲気を吸収しますから、「子育てスタイル」のよい面にも悪い面にも大きな影響を受けがちです。

(2) Baumrind, D. 1966. Effects of Authoritative Parental Control on Child Behavior, Child Development, 37(4), 887-907.

たとえば②の独裁的子育てスタイルでは、敏感っ子は瞬く間に萎縮し、自分を押し殺し、「いい子」であるよう振る舞うでしょう。③の消極的子育てスタイルでは、敏感っ子の持つ強烈な感情に振り回され、親子で疲弊してしまうかもしれません。また、④の無関心スタイルでは、孤独感や「自分には価値がない」といった自責の念に人一倍強く悩まされるでしょう。

相手との力関係を鋭く感じ取る敏感っ子との間に信頼関係を育むには、①の「民主的子育てスタイル」を理解し、日常レベルで実践するよう心がけましょう。

3 大人にしないような失礼は子どもにもしない

民主的子育てスタイルの基本は、子どもであっても、「**親とは異なる独自の感情と思いを持つ一人の人として尊重する**」ということです。

「一人の人として尊重する」とはどういうことでしょうか？　わからなくなったときに思い出したい方法があります。それは、大切に思う友人を想像することです。

具体的に、名前や容姿を思い浮かべ、「あの人に対して、私はこんなことを言ったり、したりするだろうか？」と考えてみてください。

大切な友人には、「何かをしてもらいたい」とき、「○○しなさい！」と頭ごなしに言いつけたり従わせようとはせず、こちら側のしてほしい理由が伝わるよう工夫するはずです。また、その相手がたとえ失敗したり何かができなかったからといって、やみくもに責めたり、「何でこんなこともできないわけ？」と馬鹿にしたりはしないでしょう。「では、どうしたらできるようになるかな？」とアイデアを出し合い、共に解決策を練り、どうサポートできるかにフォーカスするのではないでしょうか。

「あの人にはこんな失礼なことはしないなあ」と思うことは、目の前の子どもにもなるべくしないよう心がけてみます。大切な友人との距離感を思い出すことで、親子であっても、「相手を尊重する」という感覚を取り戻すことができます。

「**大人に対してはしない失礼なことを、子どもにもしない**」と心がけることで、幼児からティーン、そして大人になっても続く親子の信頼関係を築くことができます。

4 ボスは親でも子でもなく「親子で作るルール」

親の「してほしいこと／してほしくないこと」と子どもの「したいこと／したくないこと」は、しばしばぶつかるものです。

それでも、「寝たくない！」「ポテトチップスしか食べたくない！」「ゲームを一日中したい！」といった子どもの意向をすべて聞き入れる「消極的子育てスタイル」では、日常生活は回っていきません。長い目で見れば子どもの健やかな成長も妨げられるでしょう。

また、頭ごなしに怒鳴りつけて従わせる「独裁的子育てスタイル」では、敏感っ子はただ怖いから従うのみで、不信感が募り、親子間によい関係は築かれません。

では、どうすればいいのでしょうか？

それは、**家庭の中に、「ボスは親でもなく子でもなく、一緒に作るルールである」という考えを浸透させる**ことです。民主的な子育てスタイルとは、家族の一人ひとりが、大切な一員として家庭を作っていくことに参加するということです。

「親子で作るルールを家庭のボスにする」ための家族ミーティング

「親子で作るルールを家庭のボスにする」ためには、家族ミーティングを定期的に開くことが効果的です。

敏感っ子は細やかなことにも独自のこだわりを持ちがちですから、自分の思いを表し、一緒に工夫できると感じることで、安心感も増し、より自分らしく主体的に身の周りの物事に取り組むことができるでしょう。また普段、意見をなかなか表に出さない子は、自分の気持ちを言葉にして周りに伝える練習にもなります。

では、家族ミーティングの進め方をお話しします。

まずは、白紙の紙やホワイトボードを、壁に貼っておきます。そして、家族のメンバーそれぞれが、思いついたときに、普段の生活で気になることや話し合いたいことを書き留められるようにしておきます。
たとえば、我が家では、次のようなことが記されていきます。

- 流し台に皿がたまる
- 靴下を丸めて洗濯カゴに放り込んでいる
- 歯磨き粉のフタがしまっていない
- 肘をついてご飯を食べる
- 風呂場の流し口に髪がたまる
- 部屋が散らかっている
- もっと服がほしい

そして、定期的に開く家族ミーティングで、書き留めたメンバーが家族に説明します。

「流し台にお皿がたまって、ママ一人で全部洗ってると、まったく追いつかなくて困ってます」

そして、「どうしたらいいと思う？」と聞いてみます。

すると、子どもなりに考えるでしょう。

たとえば、「日替わりの皿洗い当番を決めるといい」「平日は習い事や宿題があってできないけれど週末は洗うようにしたらどう？」「一人が全部洗うより、毎日家族の一人ひとりが最低5つ洗うようにしたらどうかな」といったアイデアを出してくれるかもしれません。

話し合い、ひとまず試してみるルールを決め、皆が目につきやすい壁に貼っておきましょう。

親は「一緒に模索する」態度で

ここで最も大切なのは、**子ども自身が頭と心を使って考えること**です。誰しも、人が決めたことを「守りなさい」と指示されるよりも、自分で考えて決めたことのほうが主体的に行動に移せるでしょう。子ども自身に考えさせるためには、親は、「どうしたらいいかなあ？」と困っている様子を見せるのも一法です。すると子どもも、

「何ができるかな？」と積極的に考えるようになります。

また、兄弟姉妹のいる場合は、自分からはあまり意見を言わず、周りの聞き役ばかりになりがちな子もいるものです。そういう子には、「どう思う？」と、なるべく自分の意見を表せるよう声をかけます。

子どもの発達段階に合わせて参加の仕方を調整する

子どもの年齢によって、話し合いに参加する仕方も、実際にできることも異なります。子どもの発達段階に合わせ、参加の仕方を調整していきましょう。

幼児には、「これでいいと思う？」と聞き、「うん」と答えてもらうだけでも十分でしょう。台所の当番も、上の子は、料理や皿洗いなどすべてに参加してもらうとしても、下の子は、切った野菜を鍋に入れ、お皿をひとつふくだけでも立派に参加したことになります。**大切なのは、子ども自身が「大切な家族の一員として貢献している」と感じられること**です。

年齢が上になるほど「第三の視点」を間にはさむ

生活の乱れや健康の妨げになるようなことを子どもが望む場合、どうすればよいでしょうか。

たとえば、「夜ふかししたい」「ポテトチップスを毎日食べたい」といった要望です。その場合も頭ごなしに「ダメ！」と否定するのではなく、子どもの理解力に合わせて、関連する記事やドキュメンタリーなどの資料を一緒に見るなどして、睡眠や食生活が人間の心身に与える影響について話し合ってみることを提案します。

親の意向に従わせようとするより、「こういうことがわかっているんだって」と、親子の間に資料をはさみ、「共によりよい策を模索しよう」といった態度で話し合いましょう。すると、責められていると感じることで起こる子どもの反発心も和らぎ、主体的に考える力も育まれます。

こうした話をワークショップでした際、ゲームが脳に与える影響の画像を一緒に観て話し合って以来、子どもがゲームをやりすぎることがなくなったとおっしゃっていた親御さんもいました。

ルールを修正し続ける

家族で決めたルールを壁に貼っても、時間がたつうちに誰もそれを気に留めなくなり、いつしかただの壁の一部になってしまうこともあります。

年齢が低いほど、決めたことを忘れてしまったり、守れなかったりするのは自然なことです。ですから、1回のミーティングですべて解決すると思わず、**定期的にミーティングを開き、「うまくいっていること、うまくいっていないこと」について、話し合いを続けましょう。**

そして「守れないルール」は、修正します。

たとえば、「先月、一人ひとりが最低5つはお皿を洗うって決めたけれど、相変わらず、お皿がたまってるよね。なんでうまくいかないんだろう？」と問いかけてみます。

すると、子どもなりに原因を考え、いろいろな対策を提案してくるでしょう。

「あとでしよう、って思うと、だいたい忘れちゃうんだよね。お皿やコップを使ったあとにすぐ洗うようにするといいんだろうね」

「食べたあとすぐに洗えないことってあるから、寝る前に5つ洗ったかどうか思い出して、まだだったら、洗うようにする」

「洗ったお皿を置く場所がいっぱいになってると、洗うの嫌になるんだよね」

「タオルでふくのをセットにしたら？」

いろいろな意見が出たら、新しいルールを決め、試してみましょう。

「流し台がいつもスッキリ片づいている」といった結果がすぐには出ないとしても、「どうしたらうまくいくかな？」と皆で話し合うこと自体に大いに意味があります。

子どもの考える力、工夫する力、問題解決力、表現力、協働力も培われますし、子ども達がより主体的に当事者意識をもって、身の周りの物事に取り組むようになるでしょう。そして何よりも、**親子間に「身の周りの問題を一緒に解決していく」といった信頼関係が育まれます。**

5 感情が高まっているときは落ち着くことが最優先

敏感っ子の強い感情は、ときに外へと溢れ出します。特に慣れない環境下では、敏感っ子は自分の気持ちを抑えがちになりますが、慣れ親しんだ家族の前では、びっくりするほど感情溢れる自己主張をすることがあるかもしれません。

こうした親子間の葛藤時に思い出したいのが、**親子の感情が高まっているときは、まずは気持ちを落ち着けることを最優先する**ということです。

米国の小児神経精神科医ダニエル・シーゲル氏によると、感情が高まっているときというのは、反射反応や呼吸などのより原始的な機能を司る脳の部分（大脳辺縁系）に脳全体が乗っ取られている状態といいます。そしてそうした状態では、考える、判断する、記憶する、想像する、計画するといった脳の部分（大脳皮質）は、うま

く働くことができないそうです。(3)

子どもの感情が高まっているときに、親も感情を爆発させ怒りをぶつけると、子どもの感情の炎に油を注ぐことになり、ますます思考停止状態を引き起こします。つまり、その子が自ら考え判断し今後に活かすといった学習をすることが難しくなるというわけです。

敏感な人は特に、危険を察知し警報を鳴らして強い感情や反射反応を引き起こす、脳の「扁桃体」がより活性化しやすいとわかっています。敏感っ子は、より感情を高ぶらせやすく、「固まる」「逃げる」「闘う」といった反射反応をより起こしやすいものと理解しましょう。

敏感っ子の感情が高ぶっているときに、親の強い感情をぶつけたら、敏感っ子の内には、ただただ「怖かった」「嫌だった」「ムカついた」とネガティブな感情が強烈に残るだけです。親子間に温もりある信頼関係を築くことにはつながりません。

(3) Daniel J. Siegel and Tina Payne Bryson 2016. No-Drama Discipline: The Whole-Brain Way to Calm the Chaos and Nurture Your Child's Developing Mind. Bantam

子どもが落ち着くためには「親子のつながり」を確認すること

シーゲル氏によると、子どもが落ち着くには、「自分はこの場の大切な一員」といった「他者とのつながり」を実感することが最も効果的といいます。そして、**子どもが「親とのつながり」を実感するためには、「共感」と「スキンシップ」が最も効果的**です。

たとえば、「スーパーでお菓子を買ってほしい」という子どもの思いと、「買いません」という親の思いがぶつかり、子どもが感情を爆発させ、床に寝転がり泣き叫んだとします。

ここで、「あなたは何てわがままなの！」と親も怒りをぶつけたら、火に油を注ぎ、子どもの癇癪はますます激しくなるでしょう。

ではどうすればよいのでしょうか。

幼児ぐらいの年齢の子なら、ひとまず抱き上げ、より静かな場に移り、膝に乗せて背中をトントンしながらまずは気持ちを落ち着けることを優先させます。スキンシップを通し、幼児は親とのつながりを再確認し、少しずつ落ち着いていきます。

そうして考えたり、記憶したり、想像することができる状態になったら、「お菓子は、お買い物する前に決めたものだけにしようね」といった話し合いもできます。

年齢が大きい子でも、「つながり」を確認することで、高ぶる感情を落ち着かせることができます。

たとえば、学校で嫌なことがあったと泣く子には、まずは、「悲しいことがあったんだね」と共感を示します。

「めそめそ泣いてないで何があったか話しなさい！」と迫ったり、「泣かなくたっていいのよ、気にしないの！」と無理に励ますより、しばらくただ感情を受け止めてあげることで、子どもはより安心し、次第に落ち着いていくでしょう。子どもが嫌がらなければ、抱きしめるなどのスキンシップをとってもいいです。そして気持ちが落ち着いたら、「何があったのか？　何ができるか？」について話し合ってみます。

敏感っ子は、自分の強い感情を共有できると感じる相手には、より心を開き、信頼関係を育んでいくことができます。

6 敏感っ子が「固まる」「逃げる」「反発する」ことがなくなる言葉がけのポイント

敏感っ子は、大多数の人間には些細に見えることにも、感情を高ぶらせ、「固まる」「逃げる」「反発する」といった反射反応を起こしがちです。親は、敏感っ子がより落ち着いて、自分の頭で考え判断することを助ける対応を心がけたいものです。

そのためには、否定、脅し、罰、命令、非難、辱めるといった接し方より、**「できることを示し」、何ができるか本人が考えられるような「質問をする」**よう心がけてみてください。言葉がけの例を挙げます。

できることを示す

×「お菓子を食べたらダメ！」（頭ごなしの否定）

○「ご飯食べたあとにしようね」

×「自分だけ先に食べ始めるなんて、あなたは本当に自分勝手ね」（人格否定）

○「皆でいただきますって言ってから食べようね」

×「帰らないとお化けに連れていかれるよ」（脅す）

○「あと3回滑り台したら帰ろうか」

×「玩具を貸せないなら二度とお友達と遊ばせないわよ」（罰する）

○「玩具でもっと遊びたいなら、お友達に『あと5回してからね』って言おうか」

質問する

×「早くしなさい！」（命令）

○「何時に家を出たらいいかな？」

×「あなたのせいでこうなったのよ！」（非難）
○「他にどんな方法がある？」
×「そんな食べ方をして恥ずかしい」（辱める）
○「肘はどこに置いたらいい？」

否定し、脅し、罰し、命令し、非難し、辱めることで、子どもは何かを学ぶよりも反射反応で思考停止状態となり、ネガティブな感情でいっぱいになります。

子どもが置かれた状況や気持ちを観察し、言葉を言い換えるよう心がけてみてください。

7 「好ましくない言動」には「なぜだろう？」と一呼吸はさむ

子どもの「好ましくない言動」を目にすると、「何やってるの！」と感情をぶつけたくなることもあります。しかし、何事も強烈に受け取りがちな敏感っ子の性質を理解して、咄嗟に行動を起こす必要がある危険な状況でなければ、**親の感情をそのまま行動に移す前に、なるべく「一呼吸」はさむよう心がけましょう。**

一呼吸するためには、**「なぜ、この子はこうするのだろう？」という自問を習慣にするのも方法**です。

たとえば、「宿題したくない！」と言う子を前に、「ぐちぐち言ってないで早く終わらせなさい！」と言い放ちたくなった場合。

「なぜ、この子はこうするのだろう？」と自分に質問してみます。できるだけ子どもの目線に降り、好奇心を持って子どもの様子を観察してみてください。考えられる理由を書き出してみるのも一法です。

●授業が理解できない。
●書くこと（読むこと）がうまくできない。
●先生の評価が厳しい。
●宿題にあてる時間が短すぎる。
●時間管理の問題。
●疲れている。
●体調が悪い。
●お腹がすいている。
●今日は何か嫌なことがあった。

このように、「宿題をしたくない」というひとつの言動にも、様々な原因が考えられます。解決するために何をすればよいかも、原因によってまったく違うことに気づきます。

体調が悪い子に、時間管理がまずいからとスケジュールを作っても解決にはなりません。体を回復させることが先です。その日起きた嫌なことが気にかかってしょうがない子に「授業がわからないのだろう」とおさらいをしても、やはり解決にはなりません。子どもの感情を受け止めてあげることが先です。

解決策を練るのは、原因が想定できてからです。

「どうしてだろう?」と一呼吸おくことで怒りの感情が緩む

我が家でも、「どうしてだろう? と『一呼吸』はさんでよかったなあ」と思うことがたくさんあります。

たとえば、三女と次男がまだ幼かったとき、こんなことがありました。

夫と子ども達に留守番を頼んで買い物に行き帰宅すると、洗面所が泡だらけで、床にも泡が飛び散り、水浸しになっていました。咄嗟に「ちょっと、何してくれたの!」と叫び、子どもを叱りつけそうになりました。

しかし、そこでグッと我慢。深呼吸して、「待てよ、この子達は、どうしてこうしたのだろう？」と自問してみました。

見ると、洗面所の隅に、絵の具でお絵かきをするときに使う透明の瓶やパレットや筆が並んでいます。そこで「なるほど、たくさんお絵かきの用具を洗ったんだ」と理解できました。

自分の気持ちが落ち着いたところで三女と次男の名前を呼ぶと、「おかえりなさ〜い！」と嬉しそうに駆け寄ってきて私に抱きつき、興奮した様子で「ママ、見て見て！　絵の具の入れ物の中をね、全部きれいにしたの〜！」と教えてくれました。こびりついて取りにくかった絵の具まで、すっかりきれいになっています。

私を見上げる三女と次男の目が輝いています。

２人の様子に私はどっと力が抜けました。そして、「うわあ、ピカピカになったね！　よし、今度は床もピカピカにしようか。泡がいっぱいだから、ちょうどいいね」と一緒に床をふきました。

もし私が、最初に感じた怒りにまかせて大声で叱りつけていたら、「頑張ってきれいにしたんだよ！」というあの自信満々に輝いた笑顔を見ることはできなかった

でしょう。2人で泣きべそをかきながら、床をふいていたかもしれません。

ワークショップでこの話をしたときに、あるお母さんが、「そういうときは、ちょっとおどけた様子で、『よくもまあこんなことしてくれるわね』と、自分で自分に合いの手をいれると、少し力が抜け余裕ができるんですよ」と話してくださいました。

確かに、「うわあ、しゃれになってない。トホホ」などとつぶやいてみると、シリアスになっていた気持ちがちょっと緩まり、少し余裕ができて、「で、どうしてこんなことになったわけ？」と周りを見回すことができるかもしれません。

反射的にネガティブな感情をぶつける前に「どうして？」という一呼吸を取り入れてみてください。

8 子育てにおいて優しさと厳しさは両立できる

敏感っ子との暮らしでは、「この子は家庭の外でたくさんの刺激にさらされながら頑張っているからこれ以上傷つかないように」という思いから、要求をすべて受け入れる「消極的子育てスタイル」に傾きがちになることがよくあります。

しかし、しばらくすると「これは甘やかしすぎかも。このままわがまま放題になったら困る」と思い直し、今度はガミガミと叱りつけ、有無を言わさず従わせる「独裁的子育てスタイル」へと振り切れてしまう、これもよくある話です。

私自身も、「２つのスタイル」の間で揺れ動いてきました。そこでわかったのは、「消極的子育てスタイル」では、敏感っ子の持つ強烈な感情に親子で翻弄されっぱなしになってしまうということ。一方、「独裁的子育てスタイル」では、敏感っ子は思考停止で笑顔も少なくなっていきます。

ここで思い出したいのは、**子どもに対して優しく穏やかに向き合うことと、「してほしくないこと」「してはいけないこと」の線引きをきちんとすることは両立できる**ということです。

望ましい方向に導くには、まず子どもの気持ちに寄り添うこと

「それはできないよ」と伝えることで、子どもが泣き叫んだり癇癪を起こすようならば、まずは気持ちを落ち着かせることを優先します。

たとえば次男が4歳のときにこんなことがありました。

「5人で分けようね」と冷蔵庫に取ってあったスムージーを、次男が「全部飲みたい！」と泣きべそ顔で言い出しました。「みんなも飲みたいから分けようね」と言うと、「うわ〜ん」と泣き叫び、床に突っ伏して足をバタバタさせながら、「僕一人で飲むの〜」と泣き叫びます。スキンシップどころではありません。

そこで、まずは「美味しいから全部飲みたくなるね」と次男の気持ちに共感を示

しつつ隣に座りました。感情の爆発のピークを越え、少しずつ癇癪が収まりつつあるのを見計らい、「抱っこする？」と手を広げると、ヒックヒックとしゃくりあげながら膝に乗ってきました。そこで、抱きしめながら背中をトントンし、ユラユラと揺らします。

気持ちが落ち着いた頃、「どのコップに分けようか？」と聞くと、次男は涙をふきながら台所へ行き、5つのコップを用意しました。

「全部自分で飲む」という子どもの要求を呑むことなく、かといって、「みんなで分けなきゃダメでしょ！」と叱りつけることもなく、思い通りにならない子どもの悔しく悲しい気持ちに寄り添いつつ、子どもの行動を望ましい方向に導くことはできると実感した出来事でした。

自分と他者と周りのものを傷つけないようにするには

感情が爆発するにまかせて、自分や他者に暴力をふるったり、ものを壊したりする行為は、「してはいけないこと」であると、子どもにははっきりと示しましょう。

感情がエスカレートし、親を叩き始めた場合は、その場の安全を確認したあと、「痛いからやめてね。抱っこしてほしくなったらおいでね」と伝え、少し離れたところから見守ります。洗濯ものをたたむなど、家事をするのもいいです。

親が落ち着いていることで、子どももしばらくすると少しずつ落ち着いてきます。気持ちが落ち着いたら、膝に乗せるなどしてたくさん抱っこしてあげましょう。そして、「大好きなあなたに叩かれたら、ママは痛いしすごく悲しい。あなたもママも、大切にしようね」と話してあげてください。

ものを壊そうとする場合はものを遠ざけ、子どもの気持ちを落ち着かせることを優先します。落ち着いてから、「ものを大切にしようね」と話し合いましょう。

敏感っ子が人を叩いたりものを壊すというのは、それほど強くやりきれない気持ちを持っているためです。**つらい気持ちに寄り添いつつ、「自分と他者とものを大切にする」ようにさとしましょう。**子どもが落ち着き、考えられる状態になったら、伝わります。子どもが「思い通りにならない悲しい気持ちをわかってくれた」と感じることで、親子間に温もりある関係が築かれていくでしょう。

9 日常生活に「小さな温もり」を散りばめる

大多数の人間には些細に見えることにも大きなショックを受け、その上周りには自分のつらさを理解してもらいにくい敏感っ子にとって、温もりに包まれほっと安心できる関係は、かけがえのない支えになります。

温もりある関係を築くのに、非日常的な体験を共有したりする必要はありません。むしろ、日々の生活に、温もりを感じられる小さな瞬間を散りばめるほうが効果的です。敏感っ子は、細やかなことも鋭く感じ取る感受性を持っていますから、日々の小さな積み重ねが、やがて大きな温もりある安心感へとつながります。

おすすめなのは、**「起床・送り迎え・就寝時の声かけ」**と**「ファミリーディナー」**です。

起床時・送り迎え時・就寝時は必ず目を見て声をかける

起床・送り迎え・就寝時を1日4回の区切りとし、「おはよう」「いってらっしゃい」「おかえりなさい」「おやすみなさい」と、子どもの目を見て一語一語心を込め声をかけるようにします。その際、子どもが嫌がらないようなら、ギュッと抱きしめ、「大好きだよ」と伝えましょう。

日々、これを繰り返すことで、子どもは「何があっても、この瞬間に戻ってこられるんだなあ」と感じることができます。

忙しくても1日に1回は実行するようにします。我が家も、寝る前のあいさつだけは欠かさないようにしています。

寝る前には照明を暗くし、余裕があるときはキャンドルをつけ、その日あったことを一人10秒でもいいので話すようにしています。そして一人ひとりハグし、「大好きだよ。あなたは素晴らしい」と伝えます。ティーンの子達は、そのあともそれぞれの活動に戻りますが、下の子達が寝る前には、できるだけ家族皆で集まるひとときを持つようにしています。

子育て生活では、毎日様々なことが起こります。ときには怒りやイライラした気持ちが勝り、子どもの目を見たり、温かい気持ちを向けることなど、とてもできないと感じるときもあるものです。けれども、「1日に4回はリセットするチャンスがある、もし今日できなくても、明日も4回はある」ととらえると、少し楽になるのではないでしょうか。その日何があったとしても、寝る前のひとときに子どもを抱きしめる瞬間があることで、親もリセットしやすくなるでしょう。

ファミリーディナーで変わらない家族の時間を共有する

長男が3歳になった頃から始め、今では我が家で17年近く続いている習慣です。金曜日の夜は家族皆で食卓を囲み、あらかじめ決めておいたテーマについて話しながら食事を楽しみます。余裕があるときは、少しおしゃれな服を着て、テーブルクロスをかけ、キャンドルを灯し、子ども達とパンを焼くこともあります。

親も子ども達も毎日、仕事や習い事や学校の課題などで忙しく、家族揃ったとしてもなかなかゆっくり会話をできないことも多いですが、週に一度の夜だけは、ゆったりと食事に1時間はかけると決めています。

長男がプレスクールに入って初めての週、長女が1歳になって初めての週、次女が歩き始めて初めての週、三女が言葉を話した初めての週、次男が加わった初めての週……ファミリーディナーを通して、家族に起こる大きな変化がよりくっきりと浮かび上がるかのようでした。毎週続けることで、変化を家族で体験してきました。

また、引っ越しが重なっても、お別れする家での最後の週、新しい家での最初の週と、普段と同じように同じメンバーで食卓を囲むことで、変わり続ける状況の中にも変わらない家族の時間があると実感できています。

子どもは、「ママ（パパ）は、自分と一緒にいることが嬉しいんだなあ」と感じられると、心の深いところで満たされます。

子育てをしていると、過去について悩み、未来を憂うことも多々あります。けれどもそうした思いをひととき横に置き、子どもと共に今を味わい楽しむ瞬間を、日常に散りばめたいです。そうした**「今を共に楽しむ体験」**の積み重ねが、少しずつ、**しかし確実に、年月を経て、親子間に温もりある関係を育んでくれるでしょう。**

第3章

敏感っ子が立ち直るために必要な「6つの力」

① ネガティブ感情とうまくつき合う力を育む

1 敏感っ子が感情を表すのは親に心を許している証

周りの物事を強烈に感じる敏感っ子は、自分の激しい感情も強烈に感じています。

この章では、敏感っ子が自分の感情とうまくつき合えるようになるためのヒントやトレーニングの方法についてお話ししていきましょう。

さて、「喜怒哀楽が激しい」というと、一般的には、嬉しければ大はしゃぎしたり、悲しければ泣き叫んだりといった賑やかな様子を想像される方も多いと思います。

ところが敏感っ子の場合はそうとも限りません。

内面では、まるでジェットコースターに乗っているかのように、一喜一憂のアップダウンが繰り返され、賑やかな大議論が繰り広げられているにもかかわらず、表面上は静かに大人しくしていることも多いのです。これは、敏感っ子がその場の様子を読み取ることに長けているために起こることです。

こうした子が、周りからもし「こんなことで泣かないの！」「こんなことも怖いの？」「気にしすぎ」と否定され続けたら、ますます「わかってもらえない」という気持ちを募らせてしまいます。

その結果、自分の感情にフタをしてしまったら、強い感情への向き合い方を学ぶ機会も失ってしまうでしょう。

逆にいえば、あなたがもし「この子の感情の激しさには参ってしまう」と感じているのなら、それは敏感っ子があなたの前では安心して自分らしく振る舞えている証です。

まずはご自分の親としてのこれまでの働きを、たっぷりと労い祝ってあげてください。

2 感情に名前をつけて可視化する

敏感っ子が強い感情に振り回されないために有効な方法のひとつが、**「感情を言葉で表す」**ことです。感情は漠然と曖昧な状態で抱えているより、言葉で表して正体をはっきりさせることで、振り回されることがより減っていくとされています。

多様な感情を言葉で表す練習をしよう

「感情チャート」を利用する

米国では、幼児や児童の教育用ツールとして、様々な感情を表情のイラストで表した「感情チャート」というものがあります。幼稚園や学校などの教室の壁などにポスターが貼られていることもあります。その「感情チャート」を模したイラストを77ページに載せましたので、それを用いて感情について話し合ってみましょう。

幼児には、「嬉しい」「楽しい」「悲しい」「怒っている」などのシンプルな言葉から始めます。

成長発達するとともに、「不安」「安心」「恥ずかしい」「困惑する」「イライラする」「ワクワクする」「悔しい」「愛しい」「驚く」「怖い」「つらい」などのより細やかな感情を表す語彙を増やしていきます。

表情を見ながら、「どういう気持ちかな？」と話し合い、感情と言葉をつなげていきましょう。

子どもの感情を表す

感情を表す言葉を、日常生活で用いるよう心がけてみます。

子どもの様子を見ながら、「お友達にお手紙をもらって嬉しいね」「雨が降って公園へ行けなくなってがっかりするね」「〇〇君が転校していなくなるのは切ないね」など、子どもの気持ちを代弁するのもよい方法です。また、普段の会話で、「そのときどういう気持ちだった？」と感情を言葉にするのを促してみましょう。

親の感情を表す

「明日は新しい仕事が始まるからドキドキワクワクするよ」「あなたがあの塀に登ってケガしたら、ママ悲しいからやめてね」「かたつむりは少しずつしか動かないからじれったいね」など、親自身の感情を言葉で伝えてみましょう。

本や映画の登場人物の感情について話し合う

本や漫画や映画を観て、物語の人物がどんな感情を持っているか話し合ってみます。「この人は、こんな目にあって、どういう気持ちだろうね」「あなたが、あの子だったらどんな気持ちかな？」など、登場人物の気持ちを言葉で表してみましょう。

感情を表す言葉がより豊富になることで、敏感っ子が抱く細やかな感情も、より表しやすくなります。

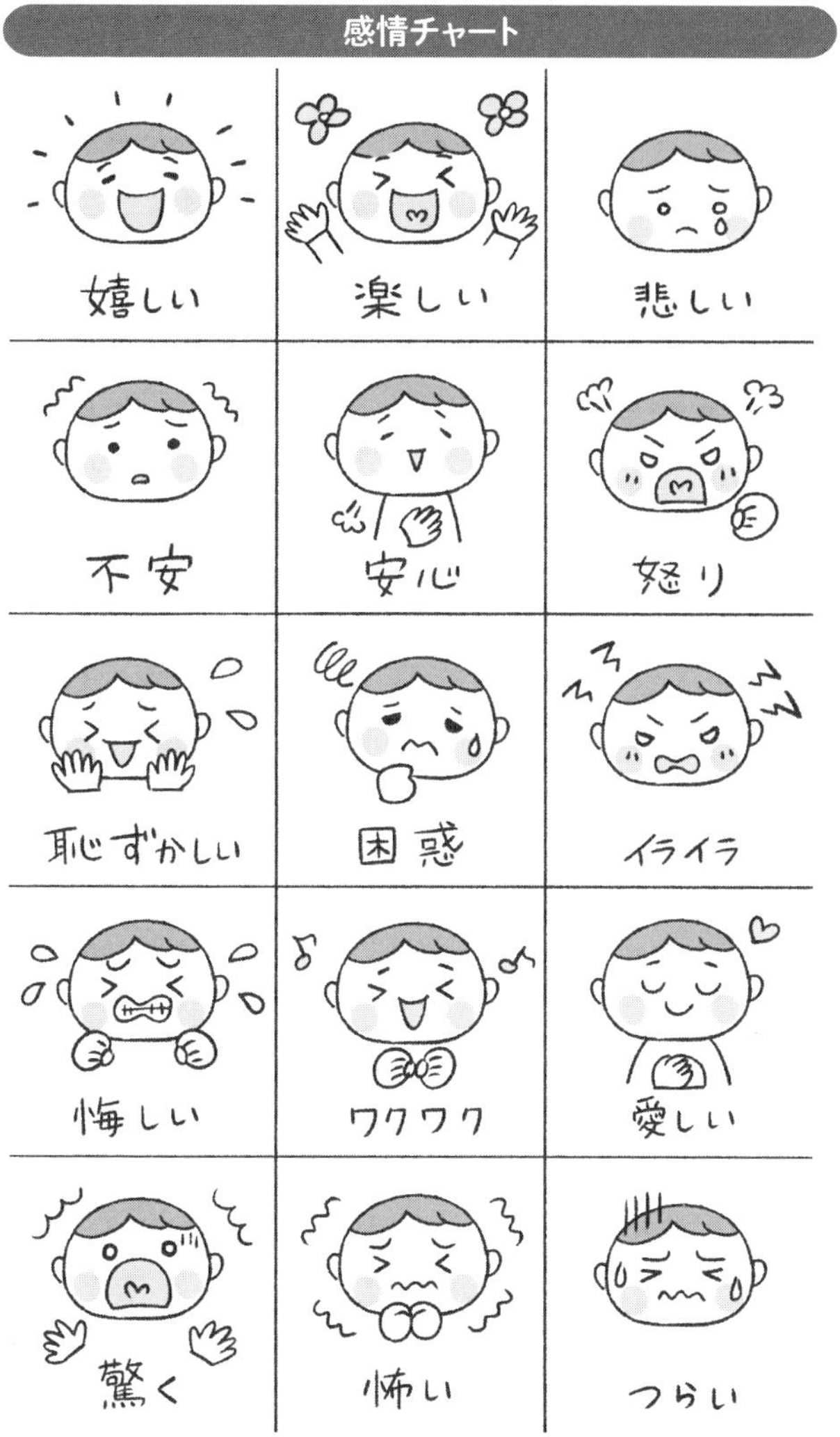
感情チャート
嬉しい
楽しい
悲しい
不安
安心
怒り
恥ずかしい
困惑
イライラ
悔しい
ワクワク
愛しい
驚く
怖い
つらい

3

「感情マップ」で多様な感情に気づいて気持ちを切り替える

敏感っ子の感情の強さは、癇癪などのわかりやすい形で表れることもありますが、別の形で表れることもあります。

たとえば、いつまでも泣く、機嫌が悪い、根にもつなど、ひとつの感情を長く引きずるといった形で表れることもあります。嫌な出来事を何度も自分の内で反芻し、気持ちをなかなか切り替えられない様子には周りも手を焼きますが、本人もつらいことをまず理解してあげましょう。

こうした敏感っ子が気持ちを切り替えるのを助けるために有効なのが、米国の小児神経精神科医、ダニエル・シーゲル氏が提案する「気づきの輪」です(1)。我が家では、シーゲル氏の「気づきの輪」からからヒントを得て、次のような「感情マップ」

(1) Daniel J. Siegel and Tina Payne Bryson 2012. The Whole-Brain Child: 12 Revolutionary Strategies to Nurture Your Child's Developing Mind. Bantam

を活用しています。

「感情マップ」の活用法

①紙にペンで2つの円を描く

親子で気持ちが落ち着いているときに取り組みます。

親用と子ども用、それぞれに白紙とペンを用意します。真ん中に自分の名前、もしくは顔を書き込みます。次に、用紙のぎりぎりいっぱいの大きさの円を描きます。そしてその円の少し内側に、もうひとつ円を描きます。つまり、二重の円を描きます。

②「今、どんな気持ちかな?」と話し合う

まずは親が、「スーパーのお肉がセールで嬉しかった」「週末のお出かけが楽しみ」「洗濯の取り入れが遅れたから雨に濡れて悲しい」など、「〜で、〜な気持ちがする」と話してみると、子どもも要領をつかめるでしょう。

③話し合いながら、2つの円の輪郭の間に、今の気持ちを記す

字がまだ書けない場合は、聞き取りながら書いてあげます。

④でき上がったら紙から少し離れて全体を眺める

「いくつ感情があるかな？」と聞き、「あなたの中には、いろいろな気持ちがあるんだね」と確認します。

「感情マップを作ろう！」と構える必要はありません。我が家では、習い事の待合室や、移動中の車や電車の中での気軽なアクティビティーとして取り入れています。「感情マップ」がいくつかできたら、バインダーなどにまとめ、見比べてみましょう。そして、「気持ちはずっと続くものではなく、そのときどきによって変わっていくね。それでも中心のあなたは変わることがなく、いろいろな気持ちを眺めることができるね」と話し合います。

「感情マップ」のポイントは、自分の内には、様々な感情があると可視化することです。強い感情が湧き上がっているときは、怒りや悲しみといったひとつの感情だけにがんじがらめになりがちです。

感情のピークが過ぎて少し落ち着いたら、「感情マップを覚えている？」と思い出すよう促してみてください。そして、余裕があるようでしたら、そのときの「感

感情マップ

今の気持ちを、二重円の間のスペースに書き出します。「～で、～な気持ちがする」と考えるとわかりやすいでしょう。気持ちを書いたら、区切りのラインを入れ、他の気持ちについても書いていきます。

●書き出し方の例

「ピアノの発表会がうまくできるか心配」

「ジャムサンドイッチが食べたい！」

「逆上がりができるようになって嬉しい」

「大好きなシャツにトマトソースのしみがついて悲しい」

「○○くんの冗談ってホント笑える」

「割り算がよくわからなくてイライラする」

「もうすぐ雪が降りそうでウキウキする」

情マップ」を描いてみてください。

「弟が宿題の邪魔をしてきてムカついた」と怒る子の気持ちが落ち着くにつれ、「感情マップ」には「明日のテストが心配」「今日の夕飯は唐揚げで嬉しい」など、異なる感情がつづられていくかもしれません。

感情を可視化し、他の感情もあると気づいていくことで、ひとつの感情にがんじがらめにならなくてすむようになります。

日常生活において、ふとしたときに立ち止まって自分を顧みる機会として、「感情マップ」を取り入れてみてください。何度か試してやりなれてくると、感情が高まったピーク時にも、全体の感情を見渡すことがスムーズにできるようになります。

4 「感情の表し方リスト」を作り感情表現のバリエーションを増やす

敏感っ子は、自分が描く理想と現実とのギャップを強烈に感じ、激しい怒りや悔しさや悲しみがこみ上げ、癇癪を起こすことがあります。ときには、周りや自分を傷つける言動もあるかもしれません。感情のピークが去り、落ち着きを取り戻し始めたら、次のような話し合いをしてみましょう。

「いろいろな感情を持つことは自然で健やかなこと。けれども、感情を持つことと、感情をぶつけることとは違う。感情を表す方法は選択できるんだよ」と伝えます。

我が家では、自分・他者・物を傷つける以外に、どんな感情を表す方法があるかについて、感情が爆発するたびに子ども達と話し合いを重ね、次のようなリストができ上がっていいます。

●自分の感情を言葉にして相手に伝える。たとえば、「私（僕）は怒っている」「悲しくなるからそういうことは言わないで」「その音はイライラするからやめてほしい」など。

●一人になれる場所に移動する。

●ぶつけてもいいものに思いっきり感情をぶつける。たとえば、サンドバックを叩く、水風船を思いっきり地面に投げて割る。

●美味しいものを食べたり飲んだりする。

●お気に入りの音楽を聴いたり歌ったりする。

●絵を描く。

●身体を動かす。たとえば、ジャンプする、走る、縄跳び、腕立て伏せやスポーツ各種。

●犬と遊んだり寝転んだりする。

話し合いの中で出てきたアイデアを、書き出しておきます。壁に貼っておくのもいいでしょう。そして、新しいアイデアが生まれるたびに加えていきます。今では、感情の表し方を随分と工夫できるようになりました。

5 不安感とうまくつき合うために効果的な「3つのアプローチ」

周りの物事を強烈にとらえ、少しの変化にも気づき、あらゆる可能性を次から次へと想像する敏感っ子は、不安感をより強く抱きがちです。

不安感は、家の外で親から離れない、夜になるとトイレに一人で行けない、お化けが怖くて眠れない、「本当にいいの？」とその場のルールを何度も確認する、自分だけ周りと違ったことをするのが怖いといった形で表れるかもしれません。

こうした不安感とは、本来、危険を回避するために欠かせない感情です。たとえば、不安感が強いほど、ケガをしそうな高いところから飛び降りたり、見知らぬ人について行ったりしませんから、危険な目にあうことも少ないでしょう。

しかし過度の不安感は、周りも心配になりますし、絶え間ない緊張状態により子ども本人にもストレスがたまってしまいます。また新しい体験へと踏み出すことを妨げ、せっかくの成長の機会も生かされません。

①何ができるかを話し合い、行動することで不安が和らぐ体験を重ねる

不安感を和らげるのに最も効果的とされるアプローチは、「不安の原因を解決するために行動することで不安感が和らいだ」という体験を少しずつ重ねることです。

たとえば、夜トイレに行くのが怖い場合は、話し合い、廊下に小さなライトをつけてみたり、枕元に懐中電灯を置いておくのも方法です。

ルールを破ってしまうのではないかと気になる場合は、その場を管理する担当者に、「ルールがなぜあるのか？　守れない場合はどうしたらいいか？」などについて聞きに行くのもいいでしょう。

不安感が高まる様子が見られたら、「何ができるかな？」と話し合い、アイデアを出し合ってみましょう。そして行動することで、不安が和らぐ体験をできる範囲で重ねていきます。

我が家の子ども達も不安感が強く、たとえば、学校の先生に自分の意向を伝えることがなかなかできませんでした。特に、先生が他の子に対し不機嫌になったり怒ったりする場面を普段見ていると、「もし、怒られたらどうしよう」「もし、機嫌を損ねてしまったらどうしよう」と不安感がどんどんと膨らみ、どうしても思っていることが口にできなくなってしまうようでした。そして帰宅すると、うまく伝えられなかった分、不機嫌になったり、グズグズと泣いたり、癇癪を爆発させたりするのです。

そこで、先生に自分の意思を伝えられなくなるたびに、「何ができるかな？」と話し合いました。「先生にメールで伝えたい」と決まると、メールの文章を一緒に書き、送信ボタンを本人に押してもらいます。次からは自分でメールを作成し、私は確認だけし、本人が送るようにします。そうやって子どもの様子を見ながら、少しずつ自分で考えて行動を起こす範囲を広げていき、「自分で不安を緩和できる」という自信を培っていきます。

メールではなく、直接先生に思いを伝えるには、「トイレへ行ってもいいですか」「課題を昨日学校に忘れて家でできませんでした」など、ロールプレイで親が先生となり、やりとりの練習を重ねるのも方法です。

②「ワクワクするね」と声をかける

発表会や試合の前などに不安な様子のときは、「ワクワクするね」と声をかけてみるのもよい方法です。

ハーバード大学で、次のような研究が行われました[2]。審査員の前でスピーチしたり、難しい数学のテストを受けたり、人の前で歌うなど不安感が高まりやすい状況で、ひとつのグループには自分で自分に「落ち着いて！」と声をかけるように、もうひとつのグループには「ワクワクする！」と自らに言い聞かせるように伝えました。すると、「ワクワクする！」と自分に語りかけたグループのほうが、よりよいパフォーマンスをしたといいます。

これは、不安状態から気分を落ち着かせるよりも、不安状態からワクワクさせるほうが、脳の機能から見ると、より容易なためと説明されています。

我が家でも、陸上競技会やサッカーの試合などの前、子どもに緊張している様子

(2) Brooks, A.W. 2014. Get Excited: Reappraising Pre-Performance Anxiety as Excitement. Journal of Experimental Psychology: General 143, no. 3: 1144-1158.

が見られると、「ワクワクするね～」とウキウキと楽しそうな様子で話すようにしています。この方法をブログやワークショップで紹介したところ、多くの親御さんが、効果がありびっくりしたと報告してくださっています。

③好奇心は不安感に勝る

好奇心が不安感に勝り、一歩踏み出す結果につながった具体的な例についてお話しします。うちの次女の事例です。

次女は幼い頃、知らない人に話しかけられても、口をぎゅっと結んだまま、一切話さないという不安感の強い子でした。彼女がキンダーに入る年齢になった頃、普段兄姉の楽しそうな学校生活の話を聞いていたので、「お兄ちゃんとお姉ちゃんのいる学校へ行きたい！」と言い出しました。しかし、長男と長女が通うギフテッドプログラムへ入るためには、最低３回は見知らぬ試験官と２人きりで数時間の審査をする必要がありました。

試験当日、試験官が挨拶しても、次女は口を結んだまま、こくりと頷くのみ。私は、

「今日はもう、ここまで来ただけで十分だな」と思っていたのですが、試験官が説明するテストのサンプルを見ているうちに、次女の表情が変わり始めました。サンプルには次女の大好きなパズルや迷路のカラフルな問題が並んでいたのです。

その後次女は、私が部屋から出て行っても気にも留めず、夢中で問題に取り組み、試験官とのやりとりにも答えたのです。

この出来事は、好奇心が、「不安感」を抱えつつも踏み出していくための力となることを教えてくれました。

それ以来、家でも講師として教える教室でも、**不安で踏み出せない様子の子には、好奇心が湧き上がるような接し方が効果的**であると実感しています。

たとえば、初めての場でお友達の輪に入ることを躊躇する子には、「輪に早く入りなさい！」と急かしたり、「なんであなたはこうなの」とため息をつくのではなく、「みんな何してるんだろうね。あ、面白そうなゲーム。どういうルールかな？　え、あのカードを取ればいいんだ」など、より自然に、その子がその場の活動に好奇心を持つような声かけをします。「何だろうなあ」と、その子が少しでも思い始めたら、少しずつでも踏み出していく力となります。

不安で動けなくなった状態は、見方を変えればその子のペースで踏み出していくための力やスキルを育む機会です。３歩進んで４歩下がる、そんなふうに見えることもあるでしょう。そんなときはたっぷりと休み、また少しずつその子なりに踏み出すことを繰り返していけば、不安を抱えながらも、次第に踏み出す力が育まれていきます。

6 「特定の動作」と「落ち着いた状態」をつなぐ

周りの物事を強烈に受け取って感情を高ぶらせやすい敏感っ子が、自分で自分を落ち着かせる方法として、我が家でも効果を実感しているものがあります。米国の小児心理セラピストのティナ・ペイン・ブライソン氏が提案する**「特定の動作と落ち着いた状態をつなぐ」**という方法です(3)。

脳神経科学によると、リラックスした状態で同じ動作を繰り返すことで、その動作をすることによりリラックス状態になるよう脳の回路が築かれると説明されています。

スポーツ選手が、競技前のプレッシャーがピークとなるタイミングで、特定のポーズを決めるのを見たことがないでしょうか。これも、その動作をすることで、ベス

(3) Daniel J. Siegel and Tina Payne Bryson 2019. The Yes Brain: How to Cultivate Courage, Curiosity, and Resilience in Your Child. Bantam

トなパフォーマンスができる状態へと自分を整えるためといわれます。

特定の動作と「落ち着いた状態」をつないで落ち着く方法

①寝る前や、深呼吸をして落ち着いた状態のときに、胸とお腹に手を当てます。

②手と胸やお腹が触れる感覚、手やお腹の柔らかさや温かさを感じ、穏やかで力がほどよく抜けた心身の状態を意識します。

数週間も続けると、その動作をすることによって、リラックスした状態になりやすくなります。半信半疑な子には、「五感を通した体験が脳の回路を築く」と脳の仕組みを説明してあげましょう。

たとえば我が家でも、こんなことがありました。

長女が高校3年生のとき、体育の時間にバレーボールをしていたところ、転んで右膝を打ってしまいました。その2年前の部活動中にも右膝にケガをして手術をした経験があったため、長女は「また手術になったらどうしよう」と怖くてパニック状態になったといいます。

そこで、ベンチに座って片手を胸に当て、もう片方を下腹に当てて、手と胸とお腹の温もりを感じながら深呼吸してみたそうです。すると、少しずつ気持ちが落ち着いていき、「さて、どうしたらいいかな？」とより冷静に考えられるようになりました。どこがどれほど痛むかを調べ、保健室の先生に相談しに行ったと、その日帰宅してすぐに、嬉しそうに話してくれました。

興奮しパニック状態にあるときに、いくら周りや自分自身が「落ち着いて！」と言葉で言い聞かせても、そう簡単に落ち着けるものではありません。そんなとき、身体の感覚を通し、落ち着く状態を思い出せることは、助けとなるでしょう。そして自分で気持ちを落ち着けることができるという自信は、安心感へとつながります。

7

周りの人々の感情に疲弊する子には「共感力の3ステップ」を実践する

敏感っ子の中には、周りの人々の感情がなだれ込むように感じ、疲れてしまう子がいます。怒っている人や、イライラしている人の傍にいると、まるでそれらの気持ちを自分が感じているかのように、傷ついたり、落ち込んだりしてしまいます。

シカゴ大学の心理学者ジャン・ダセティー氏とジェイソン・M・キャウル氏の研究によると、共感力には次の「３つのステップ」があるといいます[4]。

①他者の感情を感じる力

②他者の立場に自分を置いて考えられる力

③「どうしたら助けられるか?」と考える力

(4) Decety J and Cowell JM. 2014. Friends or Foes: Is Empathy Necessary for Moral Behavior? Perspect Psychol Sci. 9(5):525-37.

共感力というと、①のみが強調されがちですが、②と③を育むことで、共感力をより発揮できるようになるとされています。

他者の感情を強烈に感じ取る敏感っ子は、ときに、①のステップで強烈な感情に翻弄され、ショックで落ち込み悩んでしまう場合があります。そうした場合は、次の②と③のステップへと子どもが踏み出せるよう励ますことで、本来持つ高い共感力をより発揮できることがあります。

「相手はどう思っているかな？」と話し合う

たとえば、教室の中で、宿題を忘れたために先生からガミガミと怒られる子を見て、傷つき落ち込んでしまう場合。先生と生徒の両者の立場になり、「なぜそうしているのか？」についてアイデアを出し合ってみましょう。

先生の立場

・宿題をして提出することが、その子にとっていいことだと思っている。

・忘れる子がいると、他の子もだらけてしまうのではないかと心配している。だからみんなの前でわざと強く叱っている。
・たまたま機嫌が悪くて言いすぎてしまっているのかもしれない。
・「この子になら少し強く言っても大丈夫」と思っているのかもしれない。

生徒の立場

・案外、平気なのかもしれない。
・クラスでは平気なふりをして、実は深く傷ついているのかもしれない。

それぞれの立場に自分を置きながら、想像してみましょう。

「自分に何ができるかな？」と話し合う

次に、「自分に何ができるかな？」とアイデアを出し合います。

・先生に、「宿題を忘れないよう自分も一生懸命気をつけるので、もし忘れてしまっても、どうぞ強く叱らないでください」と親から連絡してもらう。
・叱られた子を励ます。たとえば、面白い漫画を貸してあげる。話を聞く。
・叱られた子に「宿題でわからないところがあるなら聞いてね」と伝える。

目の前の状況を、様々な角度からとらえることで、感情に翻弄され疲弊することが少なくなっていきます。

我が家でも、次男が5歳のとき、ガミガミと周りの生徒を怒鳴りつけるスタッフがいる幼稚園のランチルームに怖くて入れなくなったことがあります。5歳の子どもでは、話し合いで本人が理解できることは限られています。ですから、その子が安心できるよう傍で手を握るなど寄り添ってあげたいものです。

そして少しずつ、その子の成長に合わせ、「では何が起こっているのか」を想像し、考え、行動する力を育んでいきましょう。「想像し考え行動する」を繰り返すことで、やみくもに感情に振り回されることが、だんだんと減っていきます。

8 暴れる感情は自分とうまくつき合っていくための力を育む機会

目の前で我が子が悲しんだり怒ったり、ネガティブな感情に振り回される様子を見るのはつらいものです。親にも敏感な傾向があり、物事を強烈に感じるようならば、子どもの一挙一動に心をえぐられるようにも感じるでしょう。

21年の子育て生活を振り返って確信しているのは、**親子でネガティブな感情に翻弄された一つひとつの体験は、それらの感情とうまくつき合っていくための力やスキルを培う機会だった**ということです。ネガティブな感情の爆発や影響を体験することなく、それらにどう向き合うかを学ぶことはできません。

ですから、ネガティブな感情に襲われたら、自分自身にこんな言葉がけをするのも一法です。

「これも、この子がこれからの人生、自分とうまくつき合っていくための力を育む機会」

親はいずれいなくなりますが、子どもはこの豊かで強い感受性と一生つき合っていくのです。

泣き虫で怖がりだった長男も、不安感の強かった長女も、完璧主義からくる癇癪が激しく、このまま気がおかしくなってしまうのではないかと心配になった次女と次男も、いったん泣き始めるとなかなか止まらなかった三女も、年月を経るごとに、自分自身の感情と、よりうまくつき合えるようになってきました。そして、その成長過程は今も続いています。

爆発する感情は、「暴れ馬」のようなものです。手綱を操る力とスキルを育むことで、次第に、自由自在に野山を駆け抜けるための素晴らしいパートナーになってくれるでしょう。

強い感情とうまく共生する力とスキルは、敏感な性質を持つ子ども達を、一生、支えてくれるに違いありません。

第4章

敏感っ子が立ち直るために必要な「6つの力」

② 現実をとらえる力を育む

1

五感をフル活用して「観る」ことを楽しむ

長女が幼いとき、色が理解できない様子だったので、眼科医に連れて行ったことがあります。診断は「異常なし」。そこで本人の話をよく聞いてみると、「影がさしたり、片目をつぶると違う色になる。それでも全部『緑』なの？」とたいそう不思議そうでした。

確かに、同じ「緑」でも、木漏れ日にキラキラ輝く木の葉の緑と、着ている服の緑では違った色に見えます。「大人の世界」では一律に「緑」という記号で表しますが、記号の下には、敏感っ子が観ている、豊かで鮮やかな世界があるのかもしれない、そう思い至った瞬間でした。

子どもと一緒に五感をフルに活用して世界を「観る」感覚を思い出してみましょう。

一人が次のようにリードし、残りの家族は目を閉じます。

あなたは、今、地球に来たばかりの宇宙人であると想像してみてください。


片方の手のひらを差し出してください。

（リードする人が手のひらに、「食べられる何か」を置きます）

あなたは、手のひらにのっているものに、今初めて出会います。目（視覚）、鼻（嗅覚）、耳（聴覚）、手（触覚）を用いて探ってください。

（残りの家族は目を開き、見つめ、鼻を近づけたり、耳の傍で振ってみたり、手でなでたりします）

口の中に入れ、味や食感を探ってください。舌の上下でたっぷりと味わい、噛んだ前後の違い、飲み込みたくなる衝動、喉を通る感覚なども感じてください。

（発見したことや感想を話し合います）


主宰する子育ちワークショップでは、「煮干し」を用いてこのアクティビティーをしています。初めは怪訝な様子の参加者の皆さんも、アクティビティーが終わる頃には、少し驚いた表情をしています。そして次のような感想を教えてくださいます。

- 煮干しがこんなにキラキラ光っているとは思わなかった。
- 海の匂いがして懐かしい気持ちになった。
- 甘くてびっくりした。
- 自分の飲み込みたい衝動の強さに驚いた。

普段、袋から取り出してお鍋にさっと入れてしまう「煮干し」に、まさかこんな発見があるとは思わなかったと口々におっしゃいます。

目の前の物事をありのままに観察する時間を持ってみましょう。すると、いかに普段、思い込みを通してこの世界を眺めているかに気づくことができます。

2 子どもを窮屈にする「認知の偏り」の種類を知ろう

大多数の人々が気に留めない細かなことに気づき、深く感じ入る敏感っ子は、まるで周りの物事が特大にズームされて見える拡大鏡を通して、世界に向き合っているかのようです。

もし、その拡大鏡が歪んでいたなら、大多数が見ている世界より、何倍にも歪んで見えているのかもしれません。

人が周りの世界をどのようにとらえているかについての研究の草分け的存在である、精神科医のアーロン・T・ベック氏とデービッド・D・バーンズ氏によると、人は、次のような「認知の偏り」を持つことがあるといいます。そして、こうした「認知の偏り」は、その人の生きづらさを増すとされています[1]。

(1) Burns, David D. 1980. Feeling Good: The New Mood Therapy. Harper

フィルタリング

「ポジティブ面が流し落とされ、ネガティブ面が残る」といったフィルターを通しているかのように、物事のネガティブな面のみを拡大視する傾向をいいます。

白か黒かと極端にとらえる

白と黒の「間」が抜け落ちた認知パターンです。どちらとも言えない「グレーゾーン」に目を向けず、物事や人々を黒か白かのどちらかに振り分けてしまいます。たとえば、完璧にできないならば、自分は完全な失敗者と思うなどです。

過度の一般化やレッテル貼り

一度でも問題が起こると、これから何度も起こるだろうと考えたり、物事のひとつの側面でしかないことを、全面的なこととととらえるようなパターンです。たとえば、この算数の問題が解けないなら、自分は算数の才能がないから何をしても無駄と考えるなどです。

思い込みで結論を決めつける

わずかな証拠に基づいて結論を決めつける認知パターン。相手がこういう態度をとるのは自分をこう思っているからだと、まるで「相手の心を読める」かのように思い込んだり、今こういうことが起こったから、未来もこうなるに違いないなど「未来を読める」かのように思い込みます。たとえば、お友達が校庭で遊ぼうと誘ってくれなかったのは、自分を嫌いだからに違いないと思い込むなどです。

悲観的に考える

「もし～したら…」と、次から次へ悪い想像を膨らませます。たとえば、もし、ここでうまく話せなかったら、馬鹿にされ、悪口を言いふらされて、友達がいなくなるといった想像が広がっていきます。

様々なことを自分と関連づける思い込み

他者の言動のすべては、自分に対しての反応だととらえる認知の歪みです。誰がより賢く、よりよい外見かなど、すぐに他者と比較します。たとえば、今この店員が私に笑いかけてくれなかったのは、他の人に比べ私の容姿が劣っていたからだろうととらえます。店員の機嫌が悪かったからだとか、元々不愛想なのかもしれないといったふうには考えません。

周りがすべての手綱を握っている

自らの喜びも痛みもすべて環境や周囲の人によって与えられ、自分は何もできない被害者であるととらえます。たとえば、「あの人のせいだ、あの物事が起こったせいだ。自分にはどうせ何もできない」ととらえます。

「～すべき」という思考

何事も「すべき」または「すべきでない」と考え、そうしないと何らかの形で罰せられるかのようにとらえます。たとえば、「明日公園へ行けるといいなあ」と思っていたはずが、「公園へ行くべきだ、でないと今日のすべてが台無し」ととらえるなどです。

子どもの「認知のパターン」に気づく

「そういえば、この子はこういう考え方をしがちかもしれない」と思われる項目があったのではないでしょうか。

年齢が低いほど「認知の偏り」があるのは自然です。

覚えておきたいのは、年齢が低いほど、物事をとらえる力はまだ発達している最中ですから、極端な認知パターンに振り切れることが多々あるということです。極端に振り切れながら、自分にとってちょうどいい加減の認知パターンを探っている最中ととらえてあげてください。

そして、子どもがどのように物事をとらえているかを観察し、その子の発達段階に合わせて、少しずつより生きやすくなる認知パターンへと導いてあげたいものです。そのためには、親が「認知の偏り」の種類を知っておくことは助けとなるでしょう。

「認知の偏り」についてどう子どもと話し合う？

我が家では、小学校高学年くらいから、「認知のパターン」について、子ども達と話し合うようにしました。

その際、よりわかりやすい次の３つから始めました。

- フィルタリング
- 白か黒かと極端にとらえる
- 「〜すべき」という思考

「こういう思い込みや考え方から自由になると、よりハッピーに感じるとされているのよ」と示し、「こう考えることってあるよね」と、自身の体験などを話し合ってみます。

気をつけたいのは、「こういうとらえ方ではいけない！」と責める口調を用いないことです。さりげなく「あ」と言ったり、「これはどんな認知パターンだっけ？」とおどけた調子で言うくらいがよいでしょう。そうでないと、子どもが「こう考えてはいけない！」と余計に偏った認知パターンにとらわれたり、そう考えてしまう自分を責め「自分はダメだ」と思ってしまう可能性があります。子どもはますます苦しくなってしまいます。

日常の暮らしの中で、物事のとらえ方の偏りに、「あ、そういえば」と、さりげなく気づく環境を整えていきたいものです。

なお、「認知の偏り」は、度合いが大きくなるほど、生きづらさが増すものです。必要と感じる場合は、認知行動療法の専門家のカウンセリングを受けてみてください。

3 小さなシミがすべてを台無しにはしないことを胸に刻む

敏感っ子は、目の前の物事に少しつまずくと、それ以上前へ踏み出すのをやめてしまったり、すべてを放り投げてしまったりすることがあるかもしれません。これは、些細なことも強烈に感じるため、全体から見ると小さなことでも、そのせいですべてが台無しになるかのように強烈に受け取るためです。

ポジティブ心理学の祖、マーティン・セリグマン氏は、何かがうまくいかないと、「このうまくいかない状態がずっと続く」、もしくは、「他のこともうまくいかないだろう」とより広い範囲へ広げて考える人ほど、立ち直ることが難しいといいます。

確かに、思い通りにいかない目の前の物事が、時間も空間も超えてすべてを台無しにしてしまうととらえたら、気持ちはどんどん萎えてしまうでしょう。

「いつも（always）」と「全然〜しない（never）」という言葉を確認し合う

目の前の物事を、過度に一般化したり全体へと広げる考え方を緩めるために、普段から「いつも（always）」と「全然〜しない（never）」という言葉は使わないよう心がけることも方法です。

たとえば、親としてついつい、「いつも兄弟ゲンカばかりしている」や「全然部屋の片づけができない」と言うことがあるかもしれません。しかし、現実をより細かく丁寧に見れば、兄弟仲よく遊んでいるときもあり、その子なりに片づけていることもあるはずです。

まずは、「いつも（always）」と「全然〜しない（never）」という言葉をなるべく使わないようにしようと家族で話し合いましょう。そして、つい口から出てしまったら、「本当にそうかな？」と確認し合ってみてください。「ときどき兄弟げんかする」「片づけられないことがちょこちょこある」と言い換えるほうが、より適切であるとわかるでしょう。

普段から言葉の用い方に少し気を配ることで、過度の全体化がいかに思い込みに基づいているかを親子で意識することができます。

親も子も目の前の物事に集中する

子どもの言動を前にしたとき、親としてどんな思いを持つのか、自分の認知のパターンを検証してみてください。

たとえば、友達の輪になかなか入っていかない我が子に対し、「まただ」と過去にも輪に加わらなかった様子を思い出したり、「このままでは集団になじめない子になってしまう」と未来を悲観的に考えたりして、怒りやイライラ、不安を膨れ上がらせてはいないでしょうか。

とめどなく思い出される過去のうまくいかなかったことや、未来への不安は、目の前の現実を歪め、適切な対応を妨げてしまうことがあります。

ここで覚えておいていただきたいのは、過去を思い出してつらい気持ちになったり、まだ見ぬ未来を憂いて不安になったりするのは、ホラー映画の効果音に煽られて恐怖を感じるのと同じようなものだということです。

山道を歩いているとき、小鳥のさえずりや小川のせせらぎの音が聞こえていれば、穏やかな気持ちになれるでしょう。一方、不気味な物音や動物の鳴き声などが聞こえてくれば、何かとんでもないことが今にも起こるような気がして、同じ山道が一転して恐ろしく感じられるでしょう。

効果音に気をとられるあまり、目の前の物事それ自体の本来の姿が見えなくなってはいないか、私達は常に意識する必要があります。

なるべく目の前の言動にフォーカスして、「どうしたらいいか？」と考えてみましょう。

すると、たとえば、子どもがお友達の輪に入りにくい場合は、「まずは親と手をつないでついて行くだけで今日は十分、少しずつ慣れていこう」など、より適切な対応ができるようになるかもしれません。子どもも、そういう親の態度から、過度に考えを全体へと広げず、目の前の物事へと集中する姿勢を学ぶでしょう。

4 考えるだけでは現実にはならないことを繰り返し伝える

考えたり想像するのが大好きな敏感っ子は多いですが、「もし〜になってしまったらどうしよう」と次から次へと想像し、どんどん心配が膨らんでしまうこともあります。たとえば、「もし、明日忘れものをしてしまったらどうしよう」「もし、寝ている間に泥棒が入ってきたらどうしよう」と心配でいてもたってもいられなくなることもあるでしょう。

こうした敏感っ子に、「そんな心配しないの！」と言葉をかけても、想像に歯止めをかけることはできません。それよりも、「**あなたがいろいろと想像していることと事実は同じではない**」ことを伝え、話し合いましょう。

プリンストン大学の心理学者、アイリーン・ケネディー・ムーア氏は、過度に心配しがちな子に向け、こんな方法を紹介しています(2)。


子どもと向き合い、次のように話しかけます。

両手の親指を揃えて見つめてください。

目を閉じ、「親指が緑色になる。親指が緑色になる」と思いながら、10回繰り返して言ってください。

目を開け、親指を見ます。

親指は緑色になりましたか？

思いと事実は違います。いくら思っても、事実にはなりません。


椅子に座ったまま、「お水が飲みたい」と思っても、水は現れません。部屋が片づいてほしいと思っても、身体を動かさなければ、きれいにはなりません。どれだけ強く思ったとしても、「思っているだけでは事実は変わらないね」と話し合ってみましょう。

(2) Eileen Kennedy-Moore and The Great Courses 2014. Raising Emotionally and Socially Healthy Kids. The Great Courses

いつだって「思いの電車」からは降りられる

「思い」を電車のようにイメージするのも方法です。あらぬ方向へと進む「思い」からは、いつだってお別れできると話してみましょう。

心配なことや、嫌なことがどんどん浮かんで来たら、その「思いの電車」からは、いつでも、ひょいっと降りられると話してみます。電車の玩具などを用いて、人形が降りる様子を示しながら話すのも、よりイメージが湧きやすいでしょう。

普段、「思いと事実は違う」「『思いの電車』からはいつでも降りられる」と話し合っておくと、思い悩んでいる最中に、「緑色の親指を覚えてる？」「サッと降りられるね」などと声をかけることでできます。想像力豊かな敏感っ子は、イメージすることにも長けているので、すっと心に届くこともあるでしょう。

5

「大切度スケール」で重要度を可視化し細部と全体のバランスをとる

敏感っ子の特徴のひとつに、「細部にとらわれやすく、こだわりがち」なことがあります。そのため、「木を見て森を見ず」という状態に陥りがちです。たとえば、作文を書く課題に対し、一つひとつの文字のはねや止めや書き順などに丁寧に取り組むあまり途中で疲れてしまい、癇癪を起こすことがあるかもしれません。

目の前の細部に全精力を注いでしまい、本質を見失っているような場合は、「**大切度スケール**」の出番です。「取り組んでいること（細部）」と「その課題の目的（全体）」それぞれの「大切度」を、1から10のスケールで表してみることで、問題の本質、重要度に気づくことができます。

たとえば、次のように質問してみましょう。

●一つひとつの文字のはねや止めや書き順に丁寧に取り組むあまり、作文の課題の途中で疲れてしまう場合

「一文字一文字完璧な文字を書くこと（細部）と、よい内容の作文を書くこと（全体）は、1から10のスケールで表すと、どれくらい大切かな？」

●課題を完成させるために徹夜するという場合

「そのイラストを完璧に色鉛筆で塗ること（細部）と、睡眠時間をとること（全体）は、1から10のスケールで表すと、どれくらい大切かな？」

●お気に入りの靴下が見つからないとパニックになる場合

「靴下（細部）と、お友達との待ち合わせ場所に時間通りに行くこと（全体）と、1から10のスケールで表すと、どれくらい大切かな？」

重要度を、「大切度スケール」で可視化することで、今、何にどれくらいフォーカスしたらいいのかを整理することができます。

6 起きたことはすぐ解釈せず、ひとまず、「よくわからない箱」に入れる

敏感っ子はときに、そうではないかもしれないことを、「そうに違いない」と決めつけていることがあります。たとえば、お友達の表情や仕草や言葉から、「〇〇ちゃんは私のことが嫌いなんだ」と思い込んだりします。

絵を描いていて思ったのとは違う線を引いてしまい「この絵はもう最悪」と決めつけてしまうこともあるかもしれません。自分の気にそぐわない点を強烈に感じ取るため、実際はどうなるかわからなくても、「ダメに違いない」と思い込んでしまうことがあるのです。

こうした「ネガティブな決めつけ」をしなくなるためには、子どもと次のように話し合ってみましょう。

【質問】通りの向こうに知り合いを見つけたので、手を振ったら、無視して歩いていってしまいました。その知り合いはなぜそうしたのでしょう？（子どもの意見を書き出し、番号をつけます）

【子ども】1．「何か怒らせることしちゃったかなあ」

2．「きっと自分のことが嫌いなんだろうね」

【質問】他にも何か違うアイデアがないかな？

【子ども】3．「気づかなかったのかも」

4．「眼鏡やコンタクトをしてなくて見えなかったのかも。私もよくするもの」

5．「とっても急いでいたのかも」

【質問】1か2と思ったら、どういう気持ちになる？

【子ども】ムッとするし、悲しくて落ち込む。心配にもなる。

【質問】3、4、5と思ったら、どういう気持ちになる？

【子ども】「まあ、そういうことあるよね」と思う。あとで電話してみようかなとか、あとで「ごめんね」って電話が来るかなって思う。あんまり気にしない。

子どもの意見が出尽くしたところで、最後にこう説明します。

「目の前に起きたことを、どう思う（解釈する）かによって、気持ちが随分と違ってくるね。すぐに『嫌いに違いない』と決めつけないで、いろいろな可能性があるときは、〝よくわからない箱〟にひとまず入れておくといいね」

我が家でも、「よくわからない箱」が活躍しています。物事をネガティブにとらえ、決めつけている様子のときは、「よくわからない箱もあるね」と声をかけます。ひとまず「よくわからない箱」に入れておくうちに、何を入れたのかを忘れてしまうこともあります。そうして、「そうではないかもしれないこと」について繰り返し考え思い悩む時間やエネルギーを、他のことにより使えるようになっています。

7 「ダメ出し」以上に「ヨイ出し」する力を育む

前著『敏感っ子を育てるママの不安がなくなる本』では、「ヨイ出し」で子どもの表情が生き生きすると紹介しました。ここでは、「ヨイ出し」のもうひとつのメリットとして、子ども自身が、物事のよい面へ目を向けられるようになることについて取り上げます。

「この子によりよくなってほしい」と思うほど、親はついついその子の「できていない部分」に目を向け、「こうしなさい」と伝えたくなるものです。

たとえば、宿題をするのを1日忘れたら、あとの4日間はちゃんとやっていても、「何やってるの！」と叱りたくなります。こんなふうに私達は、子どもが何か失敗したりうまくできなかったときに最大の関心を向けがちで、できているときは、当たり前として見過ごしてしまいがちです。

子どもと過ごす時間の多くが、子どもに対する「ダメ出し」ばかりになってしまったら、子どもはどう感じるでしょうか。自分のできることやよい面より、できない面ばかりに目を向けるようになるのは自然なことです。小さな失敗にさえ大きなショックを受ける敏感っ子にとっては、なおさらです。

「直さないと！」と思ったら「できているとき」に目を向ける

では、ダメ出しをせずに子どもの行動をよいほうへと変えるには、どうすればよいのでしょうか。

たとえば、部屋の整理整頓をしてほしいなら、子どもが片づけたときに、「片づいているとすっきりして気持ちいいね」と喜んでみせます。食事のあと、テーブルのお皿を流し台に運んでほしいなら、子どもが手伝ってくれたときに「食べ終わったお皿を運んでくれると助かる。ありがとうね」と声をかけるように心がけます。

「改善しないと」と思うときほどできていることに目を向け、小まめに「見ている

よ」と伝えるようにしてみてください。大げさに褒める必要はありません。たとえば「兄弟仲よく遊んでいてくれたから仕事がはかどったわ。ありがとうね」と笑顔で子どもの肩に触れるだけでも十分です。大切なのは、子どもが、格別なことをしなくても自分は常に認められていると感じることです。

改善点を伝えるときは「サンドイッチ」で

改善点を話し合うときは、**「できていることを認める→改善点→よい点を見出し励ます」**という「サンドイッチ」を思い出しましょう。

たとえば、「宿題を忘れないようにしないと」と伝えたい場合。

「宿題、毎日頑張ってるね」（できていることを認める）

「昨日はできなかったね。どうしたら忘れないようになるかな？」と話し合う。（改善点）

「手帳に書き記すっていうのは、確かにいいアイデアだね。試してみよう」（よい点を見出し励ます）

自分のできているときや、よい面を「見てくれている」と子どもが感じられると、子どもも改善に取り組む意欲がより湧きますし、親子関係もよくなります。

「ダメ出し」には倍の「ヨイ出し」をセットにする

皆さんは、敏感っ子の次のような一面に気づいていらっしゃるでしょうか。

「あのレストランの料理美味しかったね」と言えば、「でも、スプーンを持ってくるのを忘れたよね」と言う。

「あの映画面白かったね」と言えば、「でも、あの衣装はあり得ないよね」と返す。

このように、ネガティブな面によく気づき、批判するという一面が敏感っ子にはあります。

ネガティブな点を取り上げることは、クリティカルシンキングを身につけるためにも、必ずしも悪いこととはいえません。すべてを「いい」と手放しで認めるより、物事をよく観察し、理性的に考えているともいえるでしょう。

そこで、**こうした批評眼を損なうことなく、かつネガティブになりすぎないようにするために、我が家ではひとつ「ダメ出し」をするなら、その倍の「ヨイ出し」をしようと決めています。**

例に挙げたレストランの話であれば、「スプーンを持ってくるのを忘れた」で終わらせず、「スプーンを忘れたあとの対応がとっても親切だった。ウェイトレスさんの笑顔も素敵だったね」と、倍のよい面を見つけて話し合います。映画の話であれば、「特撮のレベルが高かったね。あの俳優さん、演技が上手で引き込まれた」というようによい面を見つけます。

また、就寝前に皆で集まるときに、その日嬉しかったことや感謝したいことを３つ以上伝え合うようにしています。心配事や、その日あった嫌なことは、寝る前の集まりより前に、話しておくようにします。

レジリエンスについて多くの研究者の意見が一致しているのが、「レジリエンスの高い人は、より楽観的」ということです。何かがうまくいかないとき、「こんなにも悪いところがたくさんある」と思うと「もうダメだ」となりますが、「いいところもあるよね」と思えるなら、「まあ、なんとかなるだろう」と、より楽観的に立ち直ることができるでしょう。

よい面を見出すことは、初めはなかなか難しい場合もあります。今の親世代の多くが、「できないこと」ばかりを注意され育ったという背景もあるでしょう。それでも、少しずつできる範囲で実践していくうちに、「よい面」へと目を向けることができるようになります。こうした親の心がけは、子ども自身が自分や物事のよい面へと目を向ける認知の習慣を育んでくれるでしょう。

第5章

敏感っ子が立ち直るために必要な「6つの力」

③「自分ならできる」と踏み出す力を育む

1 自己効力感を高めるために「できた！」と実感する体験を重ねる

「自分なら周りに変化を起こし、何とかすることができる」という気持ちを、「自己効力感」といいます。

自己効力感が高いほど、立ち直る力も強くなるとわかっています。確かに、「自分には何とかする力がある」と信じられれば、たとえ困難や逆境にぶつかっても、再び立ち上がることができるでしょう。

自己効力感について長年研究を続けるスタンフォード大学心理学教授のアルバート・バンデューラ氏は、**自己効力感を高めるには、難しい場面にぶつかりながらも踏み出し、「できた！」と実感する体験を重ねることが大切**だといいます(1)。

新しいことに踏み出すのを躊躇しがちな敏感っ子は、「できた！」と実感する体

(1) Bandura, A 1977. Self-efficacy: Toward a Unifying Theory of Behavioral Change. Psychological Review. 84 (2): 191-215.

験自体が少ないという見方もあります。しかし、敏感っ子は同時に強い感受性を持つため、たとえ体験の「量」が少なくても得ることは多く、とても豊かで意義のある体験になっているはずです。

その子のペースで、前へ踏み出していく経験を少しずつ重ねていけば問題ありません。

自分の成長を可視化しよう

敏感っ子に自分のペースで体験を重ねさせるために気をつけたいのが、**「周りと比較する言葉を口にしない」**ことです。

親として他の子どもが気になるのはとても自然なことですが、敏感っ子は、「誰が自分よりできるか」といったことにもよく気づいているものです。ですから、親が自分と誰かを比較していることに気づくと、「ああ、自分はダメだ」と踏み出すのをやめてしまうことがあるでしょう。

次女が13歳で陸上を始めたときのことです。次女は、仲よしグループの中で常に最後尾を走っていました。長距離の練習では、ゴールまでに仲よしグループと1周くらいの差がつきます。そのたびに周りと比べては、落ち込んでいました。

そこで、**「自分自身の歩み」を可視化するために、練習や競技会のタイムを表にして記すようにしました。**すると、少しずつですが着実にタイムが縮んでいることがよく見えるようになりました。

周りの子に比べたら遅いタイムでも、過去の自分と比べれば確実に速くなっていたのです。その数秒の違いを喜び、祝いと繰り返すうちに、2年後には選抜グループにもちょこちょこ入れるようになりました。

新型コロナの影響で部活動が休止になった今でも、次女は気分転換や健康のために走ることが大好きです。そして走ることを通しての体験が、「私のペースで進めばいいんだ。それだったら自分にもできるかも」という気持ちを支えています。もし、走り始めた時点で走ることをやめていたら、今のような気持ちになることはなかったでしょう。

その子のペースでの「できた！」を親子で味わっていきましょう。**その子なりの「できた！」の喜びが、その子が踏み出し続ける力となります。**

その子なりの「ちょっとの頑張り」を重ねる

一方、簡単に「できた！」となってしまうのも、自己効力感にはつながらないとわかっています。頑張るからこそ、「できた！」の喜びも大きくなります。「頑張りの加減」を調整しながら、その子なりの「ちょっと頑張る」を少しずつ重ねていきましょう。

我が家では、この「ちょっと頑張る」について、「ダンベルを持って『あ、ちょっと重い』と感じるくらい」と話し合っています。

たとえば、一人で買い物に行くのが不安な場合は、まずは店まで一緒に行き、レジのやりとりだけを子どもがするようにします。少し慣れたら、親は店には入らず入口で待っているなど、その子なりの「ちょっと頑張ってできた！」という体験を重ねられるように工夫します。

そうしてちょっと踏み出す勇気が重なるうちに、「自分にも何とかできるかも」という自己効力感が少しずつ高まっていくでしょう。

2

憧れ、尊敬する存在が一歩前へと踏み出す勇気をくれる

心理学者のバンデューラ氏は、自己効力感を高めるもうひとつの要素として、**「いいなあ、自分もこうありたいなあ」と思うようなお手本、ロールモデルの存在**を挙げています。

確かに我が家の子ども達も、「見上げる存在」に励まされ、前へと踏み出したことがありました。

本が大好きだった長男は、様々な物語のヒーローに憧れ、怖がりですぐ泣く自分を奮い立たせるようになったと今でも話しています。また、サッカーが大好きになった次男は、アルゼンチン出身のサッカー選手リオネル・メッシが、相手チームのブロックを次々とすり抜けゴールを決める姿に感動し、苦手なことへと踏み出す意欲

につながったようです。

先輩達に感化されて演劇やコーラスを始めた

身近なところにも、ロールモデルはいます。

我が家の子ども達の通っていた小学校のプログラムの児童数は年長から小学校６年まで合わせて１５０人ほどと少なく、一斉行事や合同授業など、学年を越えて交わる機会がたびたびありました。その中で年上のお姉さんやお兄さんの活動に「あの先輩はこんなことができるんだ！」としばしば感化されていました。

長男と長女が、「劇をしてみたい」と1年間挑戦したのも、次女がスペリングコンテストに参加したのも、三女がコーラスグループに加わったのも、憧れのお姉さんやお兄さんが、楽しそうに取り組んでいる姿を間近で見たためでした。

お手本として見上げている人達が踏み出していく姿に触れることで、より自然に「自分もしてみよう！」と踏み出すきっかけになることがあります。年齢幅の広い集まりに顔を出してみるのもきっと刺激になるでしょう。

伝記はロールモデルの宝庫

伝記は、ロールモデルの宝庫です。我が家では「世界の偉人伝シリーズ」を居間に置き、幼児期は寝る前の読み聞かせにも用いていました。歴史に残るような偉業を成し遂げた人々は、多くの場合順風満帆な人生を送ってはおらず、様々な困難や逆境を乗り越えています。伝記は、彼らが偉業を成し遂げるまでの波乱万丈な歩みを、具体的に教えてくれます。

たとえば、アカデミー賞に59回もノミネートされたウォルト・ディズニーは、「創造力がない」という理由で、ミズーリ州の新聞社をクビになったことがあります。アメリカ史上最も偉大な大統領の一人とされるアブラハム・リンカーンは、ビジネスで失敗し、1856年の副大統領選では落選しています。天才の代名詞のようなアルベルト・アインシュタインは、学生時代落ちこぼれ扱いされ、入学試験にも不合格でした。

今では「大成功した」とされる人々が、実は何度も大きな困難にぶつかり、それらを一つひとつ越えてきたという事実を知ることは、子ども達が逆境から立ち直るための支えとなってくれるでしょう。

失敗から立ち直り踏み出した親の体験を話す

強い思い入れのあるロールモデルであればあるほど、子どもへの影響力は大きくなります。では、子どもが最も身近に感じ、思い入れの強い人物といえば誰でしょうか？

それは、何といっても親です。

親が過去に様々な失敗を乗り越え、立ち上がり、踏み出してきた事実を伝えることは、子どもにとって大きな励みになります。親自身の失敗、つらかったこと、そして、どう乗り越えてきたのかについて、具体的エピソードを話してみましょう。

我が家の場合、夫は南米の貧しい父子家庭出身で、毎日、卵と豆とお米しか食べられなかったそうです。政情も不安定な国のため、爆破テロ事件で二度も命を落としかけたといいます。学校の成績もずっとクラスの最底辺で、英語も話せないまま

18歳で米国に渡り、レストランの裏方や肉体労働をしながら少しずつ資格や学位を取り、念願のパイロットになりました。

こうした夫の過去は、子ども達の励みになっています。

長男は、大学入学審査のために提出したエッセイに、次のように書いていました。

「僕はいつも、頑張ることの価値を信じてきました。それは、父によるところが大きいです。父は、18歳でお金もなく英語も知らないまま南米チリから米国へ移住しました。ディスレクシア（読字障害）を抱えてもいました。そうした逆境にもかかわらず、父は、レストランの皿洗い担当からパイロットへ、そして米国首都の連邦政府役員へと、ゆっくりと階段を上っていきました。父の歩みは、自分の信じる道へと身を捧げることが、いかに周りの世界を変えるかを示す現実の例です。そして僕は父の歩みから、忍耐力や粘り強さを学びました。」

子どもが「よし、やってみようかな」と踏み出していくために、ロールモデルに触れる環境を整えてあげましょう。

3
「励ます」とは逆効果になる５つのＮＧな褒め方

周りからの「励まし」は、子どもの自己効力感を高めることがわかっています。

敏感っ子は、ほんの少しでもうまくいかないことがあると「自分ってダメだな」と思いがちです。

だからたくさん励ますことで、「自分ならできる」という自信をつけてあげましょう。

ただし、褒め方によっては、励ますどころか逆効果になることがわかっています。

ここでは、励ましとは逆効果になるＮＧな褒め方について整理しておきましょう。

NG①「すごい」「えらい」など具体性に欠ける言葉で褒める

人を褒めるときについ使ってしまいがちな言葉として、「すごい」「えらい」「さすが」などがありますが、具体的に何が「すごい」のか伝わらないと、おざなりに褒めている印象を拭えません。本人の心に届かないばかりか、「とにかく褒めておけばいいと思ってるんじゃないか」「自分のことを本当にちゃんと見てくれてるのかな」という気持ちになることさえあるかもしれません。

忙しくて余裕がなかったりすると、ついついその場しのぎの短絡的な言葉を使ってしまいがちですが、**励ますときは手を止めて、子どもの目を見て心を込め、具体的な言葉をかけてあげましょう。**たとえば、「いつもはニンジンを残すのに、今日は頑張って食べたんだね、えらいね」というふうに。

具体的に認められたら、子どもも「自分のこと、よくわかってくれてるな」という気持ちになります。

ＮＧ②簡単すぎることを褒める

努力しなくても簡単にできることを褒められても、そう嬉しくはないものです。かえって、「自分にはこれぐらいしかできないと思っているのかな」と馬鹿にされたように感じる場合もあるかもしれません。敏感っ子は、自分は褒められるほどのことはしていないとよくわかっている場合も多いですから、「適当なことを言っているな」と信頼感を損なうかもしれません。**その子自身が、「頑張った」と感じられるハードルを越えたときに、認めてあげましょう。**

ＮＧ③好きで自発的にやっていることを褒める

夢中になっていることを褒めると、かえってその子のやる気を損なう場合があるのをご存知でしょうか。

褒められ続けると、せっかく情熱を持っていたことへの興味を失ってしまう場合があるという研究があります。

これは、内面から湧き出る情熱に突き動かされて自発的にしていた行為が、褒められるという外からの「報酬」と結びつくことで、好奇心や探究する喜びが萎えてしまうためと説明されています。つまり、褒められ続けることで、やる気の源がいつの間にか「褒められるため」へとすり替わってしまう場合があるというのです。

子どもが何かに興味を持って没頭している場合、そっと見守ってあげたり、興味を持って話を聞いてあげたり、一緒に楽しむようにするのがよいでしょう。

NG④他人と比較して褒める

敏感っ子は、周りの誰がより優れているかということも、よく見ているものです。ですからたとえば、「○○ちゃんに勝つなんてすごいじゃない！」という褒め言葉は、一時的にはやる気の炎を燃え上がらせることもあるかもしれません。しかし、長い目で見れば、励ましにはつながりません。

勝ち負けの世界は、勝ったり負けたりを繰り返すものです。いつも勝てるわけではありません。他人に勝つことがやる気の源になってしまっては、負けた時点でやる気を失ってしまいます。

「比べるのは過去の自分」であることを思い出してください。「2か月前はあんな遠くまでボールが届かなかったのに、上手になったね！」と、以前のその子と比べる言葉をかけてあげましょう。

NG⑤本人がコントロールできないことを褒める

「陸上競技会で〝優勝〟した」「テストで〝100点〟を取った」など、**「結果」だけにフォーカスして褒めたり喜んだりすると、子どもの成長にはマイナスに作用してしまう**ことが、多くの研究により明らかにされています。

なぜなら、結果は子ども自身でコントロールできないためです。どんなに頑張っても、そのときの状況や運もありますから、いつも優勝したり100点を取ったりすることはできません。

子どもにとって、頑張ってもどうなるかわからない「結果」を褒められても、長い目で見れば踏み出す気持ちにはつながりません。それどころか、周りからの期待を読み取って一生懸命それに応えようとする敏感っ子は、「才能ある子」といった評価を損なわないために、より難しい課題へ挑戦することを避けたり、失敗を恐れるようになることもあるでしょう。

陸上競技会で優勝できるかどうかはわかりませんが、自分のベストタイムを出すために練習を繰り返すことはできます。100点を取れるとは限りませんが、テレビを観る時間を減らしてテスト勉強をすることもできます。

「今日まで、ほとんど毎日練習してきたものね、最後まで本当に頑張ったね。おめでとう！」

「テレビを観る時間を減らして、よく勉強したね。よかったね」

こんなふうに、**子ども自身が「変化を起こせる」と感じる過程の努力を認め、喜びや感動を示してあげましょう。**すると敏感っ子も、より安心して、自分のできることにフォーカスするようになります。

4 これまでの頑張りを認めて、「あなたならできる」と伝える

信頼するママとパパから励まされることは、敏感っ子にとって、自己効力感を高めるために大きな助けとなります。**「励ます」とは、これまでの頑張りを認め、「あなたなら、これからもできるよ」と伝えることです。**

これまで頑張って踏み出した出来事について、子どもと話してみましょう。

「これまでの頑張り」に勇気づけられた次女の話

次女が小学校６年生のとき、引っ越したばかりの地で、１週間のサッカーのサマープログラムに参加しました。

ところが、目的地に着くと、次女は駐車場の車の中から参加者が集うサッカーフィールドを眺めながら、「行きたくない」と言い始めました。本人のたっての希望で申し込み、引っ越しの片づけや手続きで忙しい中、せっかく朝早くから準備してやって来たのに、と私はがっかりしました。

しかし、ここで責めても次女の緊張が緩まるわけではありません。引っ越したばかりの地で初めて出会う同年齢の子達の集団ですから、踏み出せないのも無理もないと思い直しました。

そこで私は車の中で、「行かない」と繰り返す次女と、「これまでの頑張り」を振り返ってみました。

引っ越す前の地で、よく知らない子の集まる新しいチームやサマープログラムに参加したときのこと、初めは誰も知り合いがいなかったけれど、少しずつ気の合う友達ができたこと、練習するほどに技が上達したこと、すっかり気が置けなくなったチームメイトと一喜一憂したことなどについて話し合いました。

そして、「初めに踏み出さなかったら、あの楽しい思い出も味わえなかったね。どうしても無理だと思ったら、今日は早めに迎えに来るよ」と話すと、次女はしばらくじっと考え、水筒を抱え直し、車のドアを開けて踏み出していきました。

以来、この日踏み出した体験について、次女は自らたびたび口にするようになりました。学校やクラブの初日など、前へと踏み出すべきシチュエーションに出会うと、「ママ、あの朝のこと覚えている?」と話し、少しホッとした表情になります。

頑張った思い出は子ども達が前へ踏み出していく支えになる

これまでの「難しかったけれど踏み出した思い出」を書き出しておくのもいいです。たとえば我が家では、次のような思い出が、子ども達が前へ踏み出していく支えになっています。

- 組み立てブロックのロボットが、なかなか思うように動いてくれなかった。でもいろいろな部分を探して何度も組み立て方を試すうちに、望むミッションをこなしてくれるようになった。
- 縄跳びの二重跳びが何度挑戦してもできなかったけれど、近所のお友達がコツを教えてくれ、練習を続けたらできるようになった。

● 絵を描いているとき、思ったのとは違う線を引いちゃったけど、その上や周りに色を重ねていったら、びっくりするぐらい面白い絵になった。

「これまでの頑張り」を、目の前の物事と重ねて伝えるのも効果的です。

たとえば、算数の問題ができないと落ち込む場合は、「ブロックのロボットができたときのこと覚えてる？　何度も失敗したけど、いろんな組み立て方を試して、最後にようやくできたね。この問題も、今すぐにできなくても、いろいろな問題を試しているうちに、できるようになるよ」と伝えることができるでしょう。

「これまでの頑張り」を認め、喜び、そしてこれから へ向けて、たくさん励ましてあげましょう。そうして踏み出していった一つひとつの体験が、「自分なら何とかできる」という自己効力感を育みます。

5 「あるもので作り出す力」＝ブリコラージュを育む

どのようにレジリエンスが働くかについて書かれた『How Resilience Works』の著者ダイアン・クートゥー氏は、レジリエンスが高い人の特徴のひとつとして、「ブリコラージュ」が得意なことを挙げています(2)。

「ブリコラージュ」とは、「その場で手に入るものを寄せ集め、何が作れるか試行錯誤しながら、新しいものを創り出す」ことをいいます。フランスの人類学者レヴィ＝ストロースが提示した概念で、フランス語で「日曜大工をする」という意味の動詞 bricoler に由来しています。

レヴィ＝ストロースは、世界の様々な地域でブリコラージュが活用され、創造が生まれていることを明らかにしました。

(2) Harvard Business Review. 2017. Resilience. Harvard Business Review Press

たとえば、「夕食は冷蔵庫にあるもので作ろう」というのもブリコラージュです。残りもので作ったとは思えないほど美味しいものができることもあるでしょう。

「〇〇がなければどうにもならない」ととらえるより、「とにかく今あるもので何とかしてみよう」と臨機応変に考えるほうがポジティブですし、そこから思わぬ成功が生まれるかもしれません。

ブリコラージュ・ゲームを楽しもう

何かを行うには完璧な条件が揃わなければ難しいと考えがちな敏感っ子にも、すでにあるもので作り出す「ブリコラージュ」の楽しさを体験させてあげましょう。

普段の生活でも、「とにかくあるものでやってみよう」という考えを取り入れましょう。また、次のようなゲームを用いて、「完璧な条件が揃わなくても何とかなる」と楽しむ体験を重ねることもできます。

実際の生活では「とにかくやってみよう」という気持ちになかなかなれない敏感っ子も、遊びの中でならのびのびと楽しめるでしょう。

①いくつかの組み立てブロックの部品をランダムに集めます。
②「馬」「飛行機」「空」「親子」などのお題を出します。
③目の前の限られた部品で作ってみましょう。

ブロックの代わりに、「糊と紙とハサミ」「ビーズとワイヤー」「大小様々な枝と石と葉」「段ボールとグルーガン」「布とハサミと糸と針」など、年齢に合わせて使用するものを変えることもできます。

「すでにあるものを工夫して組み合わせることで創造できる」という楽しさは、敏感っ子が、「何とかできるかも。やってみようかな」と前へ踏み出すことを助けるでしょう。

6 「自分で身の周りの環境を快適に楽しくできる」という自信を育む

子どもが不快そうだったり、つまらなさそうだったりすると、「何とかしてあげたい」と思うのは、親としてとても自然なことです。

特に敏感っ子は、快や不快、好き嫌いなどを強烈に感じがちですから、親として、環境を適切に整えてあげられていないのではないかと心配になるかもしれません。

しかし、覚えておいてください。親は子どものために、お城のように快適で、遊園地のように楽しい環境を整える必要はありません。衣食住が足り、健やかに過ごせれば十分です。親の役割はお城や遊園地を用意することではなく、空気清浄機を提供することだと考えてもいいかもしれません。

安全で健やかな環境でさえあれば、あとは子ども自身で不快感や退屈さを改善するために工夫するという姿勢を育んであげましょう。

「どうしたら快適になるかな？」と質問する

お皿の匂いがイヤ、外の音がうるさい、服のタグがチクチクする、日差しがまぶしいなど、**子どもが不快感を表したら、「どうしたら気持ちがよくなるかな？」と質問し、子どもなりに考えてもらいましょう。**

お皿は洗剤で洗えばきれいになります。外の音を遮断するには窓を閉めてみます。服はタグを切り、日差しはカーテンを閉めたり帽子をかぶればよけられるでしょう。

子どもの発達段階に合わせて、その子なりに考え行動するようサポートしましょう。年齢が低い子でも、お皿を流し台まで持ってきてもらうことならできます。外の音を遮断するために窓を一緒に閉め、チクチクするタグは「何で切ったらいいかな？」と聞き、切るところを見せてあげます。日差しをよけるには、カーテンを一緒に引っ張りましょう。

「どうしたら楽しくなるかな？」と質問する

子どもが「つまんない」と言ったら、「そっかあ。じゃあ、どうしたら楽しくなるか考えてみよう。必要なものがあったら教えてね」と伝えてみましょう。

今は、ネットを接続すれば世界中のアイデアにアクセスすることができます。我が家の子ども達も退屈になると、ＹｏｕＴｕｂｅやＴｉｋＴｏｋでクラフトやクッキングのアイデアを参考にし、作り始めます。もし材料が足りなかったら、必要なものを書き出してもらいます。買い物に行けない場合は、前節でお話しした「ブリコラージュ」です。とにかくあるものでどうしたら楽しくなるかを考えてみます。

自分で環境をより快適に楽しくできるという自己効力感は、自分の人生を快適に楽しくすることにつながるのではないでしょうか。**子どもが「不快」「つまんない」と感じるときを、その子が人生をより豊かに楽しむための力を育む機会へと活かしていきましょう。**

第6章

敏感っ子が立ち直るために必要な「6つの力」

④ 他者と共生する力を育む

1 人とのつながりから生まれる「4つの喜び」を味わう

敏感っ子は、相手の気持ちに共感しやすいため、人間関係で嫌な思いをしたり、疲れたりすることも多いです。しかし、**敏感っ子はネガティブなことだけでなく、ポジティブなことにも強く共感します。**人とつながる喜びもたくさんあると感じられることは、その子が他者との関係へと踏み出すための支えとなってくれるでしょう。敏感っ子に、人とつながることの喜びをたっぷりと体験させてあげましょう。

自分から相手に何かをしてあげる喜び

たとえば、しょんぼりしている子、悲しそうな子に気づいたときや、お友達の誕生日や何かのお祝いのときに、手紙を書いたり、折り紙などのクラフトやお菓子を作ってあげる。近所の方や学校や習い事の関係者に、感謝の気持ちを伝えたり、普段会わないおじいちゃんやおばあちゃんに絵を描いて送る。こんなふうに自分が差し出したものを相手が受け取り、喜んでくれる嬉しさを体験しましょう。

お友達や家族の誕生日は大きな楽しみのひとつです。誕生日プレゼントをどこで購入するか、いつ買いに行くか計画を立て、プレゼントを選び、カードを作り、本人に渡すといった一連の流れを、子どもの年齢に合わせてサポートします。「このカードを見たら○○ちゃん嬉しいだろうね。楽しみだね」など、子どもの想像が膨らむような言葉をかけるのも効果的です。相手のために何かをすることで子どもの内に湧き上がるドキドキワクワクする気持ちを盛り上げてあげましょう。

他の人に何かをしてもらう喜び

手紙をもらったり、優しい言葉をかけてもらったり、親切にしてもらったり、子どもはたくさんのことを周りの人々にしてもらいます。それらのしてもらった経験について、話し合ってみましょう。

次男が小学校1年生のとき、体育の時間にこんなことがありました。座って先生の話を聞いている間、何気なく両足の靴の紐を結んでつなげたところ、先生が目を留め、「なんて危ない！　誰がやったんだ！」と尋ねられたそうです。まさか咎められるとは思っていなかった次男はびっくりして固まり、言葉が出てきませんでした。すると、隣にいたA君が、次男が泣きそうな様子を見て、咄嗟に「僕がしました！」と答え、ほどいてくれました。

この出来事は、家族の間で、今でも話題になります。そして、子ども達にとって、周りの人々の優しい気持ちを思い出す機会となっています。

一緒に創る喜び

ダンボールで秘密の基地を作ったり、川で石を重ねてダムを作ったり、ビデオカメラでストーリーを撮影したりなど、お友達や周りの人々と夢中になって一緒に何かを創った体験は、子どもにとって大きな喜びとなります。

我が家の長男も、チームで全米共通のミッションに取り組むロボティックス活動に5年間参加しました。チームメイトと力を合わせてロボットを組み立て、プログラミングし、トライ&エラーを繰り返しながら、よりよいものを創り出そうと力を注ぎました。同じ目標に向かって一緒に何かを創る喜びは、子ども達が人と関係を築きたいと踏み出していくことを支えています。

一緒に笑う喜び

ただただふざけ合い笑う喜びも大きいものです。ついつい物事をシリアスにとらえ、緊張しがちな敏感っ子にとって、笑いを共有できる関係は、ほっと力が抜ける心の支えとなるでしょう。

人とのつながりで体験した喜びを、「あのとき、嬉しかったね、楽しかったね」とたびたび思い出し、話し合ってみましょう。人と交わることで得られる喜びを確認することは、子どもが人の間へと踏み出し続ける支えとなってくれるでしょう。

2 友人関係について敏感っ子に伝えたい「3つの言葉」

①「友達は少数で十分」

「誰からも好かれる子」や「友達の多い子」になってほしい、そう願う親は多いでしょう。一昔前は、学校でも『友達100人できるかな』といった歌が歌われ、集団生活において目指したい理想像ともされていました。

しかし、周りに気を遣いがちな敏感っ子の中には、「誰からも好かれ、友達が多い子」という理想像が、過度のプレッシャーになることもあります。周りに合わせることを優先し続けると、本来の自分の好みや思いを抑えることのストレスも強くなります。

ですから、敏感っ子には、次のように伝えましょう。

「友達は気の合う子が少数でもいれば十分。もし今できなくても、自分のしたいことを深めていくうちに、きっと気の合う子が見つかるよ」

我が家の子ども達も、これくらいに考えるほうが肩の力が抜け、自分らしくいられるようです。

長女が高校１年生のとき、転校先の学校でなかなか友達ができず、ランチの時間は図書館で一人でお弁当を食べていたことがありました。

米国の高校は授業ごとにクラスが変わり、小学生時代からの仲よしグループも多いため、新入りにはなかなか同級生と親しくなれる機会がありません。クラブなどの課外活動で少しずつ知り合いを増やし、気が合わない子とも我慢してつき合いながら、引っ越す前の地での気の置けない友達に囲まれた学校生活を思い出しては落ち込む日々でした。

そんなときも、さきほど挙げた言葉は、過度に自分を責めないために役立ったようです。自分のペースで次第に気の合う少数の子と仲よくなり、１年後には「自分のままでも一緒にいてくれる子と友達でいればいいんだね」と話すようになっていました。
今では、大学で共通の関心事や研究について、深く話し合える友人ができたことを喜んでいます。

②「自分を大切にしてくれない相手とは距離を置こう」

敏感っ子は、「皆と仲よくしないといけない」と頑張りがちです。そのために、人間関係で何か嫌なことがあっても「友達」という関係を壊さないようにしようと我慢をしがちです。

たとえば、友達づき合いをしているにもかかわらず、自分のいないところで陰口を言われたり、つらいときに相談したらひどいことを言われたりといった経験をしているかもしれません。

もしお子さんの周囲にそんな「友達」がいるようなら、「**あなたを大切に思ってくれない相手と友達でいようとする必要はない**」とちゃんと教えてあげましょう。

「あなたは自分がその子に大切にされていると思う？」と尋ねてみましょう。そして、何か嫌なことをされているなら「やめてほしい」と相手に伝えるか、それが難しいようなら、なるべく距離を置くようアドバイスします。

自分を大切にしてくれない相手と距離を置くことによって、より楽に人間関係を築くことができるようになるでしょう。

③「それは相手の問題。あなたの問題じゃない」

人間関係では、傷つくことを言われたりされたりすることがあるものです。**関係改善のためにやれることをやったなら、あとは「相手の問題であり、あなたの問題ではない」ことを覚えておきましょう。**

長女が高校３年生のとき、「大学進学のための統一テストで替え玉受験をした」というデマをＳＮＳに流されたことがあります。クラスメイトが何人も一緒の教室で受けていたテストですから、「あり得ない」と誰もがすぐにわかる嘘ですが、長女は大いに傷つきました。

怒りに震え、泣きながら、「私がどれほど努力してきたと思うの!?」と噂を流した張本人を問い詰めたところ、小規模な学校だったので学校スタッフも騒ぎを聞きつけ、校長先生の部屋で話し合うことになりました。

その夜私は、長女の話を聴きながら、「つらいけれど、はっきりと訂正し、本人に思いを伝えたの、本当に頑張ったね。えらかったね。あとは、もうあなたの問題ではなく、相手の問題よ」と話しました。

長女は、しばらくして気持ちが落ち着くと、その相手が志望校に不合格となりつらい気持ちでいたことへも、少しずつ思いを致すことができるようになったようです。「皆の前であからさまに合格を喜んだのはよくなかったのかな」と自らを省みるようにもなりました。

以上の「3つの言葉」を通し、他者を尊重し大切にすること、同時に自分自身も尊重し大切にすることを伝えていきましょう。

3 周りに助けを求める力を育てる

その場の空気を読み、なるべく迷惑をかけないよう振る舞う敏感っ子は、困っていても周りの人々に助けを求めるのが難しいと感じることがあります。

たとえば、楽器の練習の時間に楽譜を忘れても「忘れました」と先生に伝えられなかったり、朝礼で気分が悪くなっても、「保健室に行ってもいいですか」と言えなかったりするかもしれません。

幼い頃には家族の前でよく癇癪を起こしていた子が、大きくなるにつれ、家族の機嫌や事情などを察し、感情をあらわにしなくなることもあるかもしれません。

敏感っ子が、問題に直面したときに一人で抱え込みすぎないよう、「困ったときに助けを求める姿勢」を育んであげましょう。

助けてもらえた体験を重ねる

「周りに助けを求める姿勢」を育むには、「助けを求めたら楽になった」体験を少しずつ重ねることです。

もし、敏感っ子が宿題を学校に忘れてしまったと激しく動揺していたら、こんなふうに助け舟を出してあげましょう。

親「どうしようか？　今から取りに行く？　でも夜だし誰も校舎にいないかな」
子「先生にメールを書いて知らせる」
親「なんて書いたらいいかな？」
子「『学校に宿題を忘れてできませんでした。もう1日ください』って書いたらどうかな」
親「じゃあ下書きしてくれる？」

こうして、解決のための役割を、子ども自身ができる範囲で担うようにします。周りの人に助けてもらいながら力を合わせ、楽になった体験を重ねていきましょう。

逆に、「宿題を学校に置き忘れたからできない」と動揺している子に、「何してるの！　また忘れ物して、だらしないわね！」と頭ごなしに非難したり、「自分で何とかしなさい！」と突き放したら、子どもはさらに動揺し、今後困ったときも助けを求めることを躊躇するようになってしまうでしょう。

困ったことを相手に伝える練習をする

「自分のしてほしいこと」を言葉で表す機会は、学齢期前から作ることができます。

たとえば、子どもが「寒い！」と言ったら、「どうしたい？」と聞くようにします。子どもが自分で考え、「窓を閉めてほしい」「ストーブをつけてほしい」「セーターを着たい」といった要望を言葉で表すよう導きます。子どもの言葉に対して、「窓を閉めるから、鍵をかけてくれる？」と頼んだり、「セーターはタンスの3段目にあるから取ってきてくれるかな」と返すなど、一緒に力を合わせて解決する体験にしていきましょう。

ティーンともなると、学校の課題と課外活動で過密スケジュールとなり、忙しい毎日です。そのため洗濯や部屋の片づけがままならず、嵐が通り過ぎたような状態になっていることがあるかもしれません。

そうしたときは、「何をどこまでしてほしいか教えてくれたら、手伝うよ」と聞いてみます。「乾いたら自分で引き出しにしまうから、洗濯して干して」「整頓するから、掃除機をかけてほしい」など、具体的に説明してもらいます。

自分の手に負えなくなったら、一人で抱え込まず、周りに「何をしてほしいか」を具体的に頼んで分担できるような姿勢を培っていきましょう。

「周りの人に迷惑をかけない」より「迷惑かけたら謝ればいいよ」と伝える

協調性が重視される日本では、幼い頃から「人に迷惑をかけないように」と躾けられがちです。しかしこの言葉は、元々周りの人々の気持ちを細やかに読みとる敏感っ子にとっては、過度に気を遣うことにつながってしまうかもしれません。

「人に迷惑をかけないように」と言う代わりに、「迷惑をかけてしまったら、謝ればいいよ」と話してみてください。「一緒に謝ってあげるからね」と伝えてもいいでしょう。

また、「人は迷惑をかけお互いを助け合うもの。できるときにできることを、周りに恩返しすればいいよ」といった話をするのもいいでしょう。繰り返しそう語りかけることで、敏感っ子もよりのびのびと周りに助けを求めることができるようになるでしょう。

4 子どもの興味・関心をベースにコミュニティーへとつなげる

子どもは人とのつながりの中で、共に生きていくことを学びます。とはいえ、敏感っ子にとって、よく知らない人の間に入っていくことは簡単ではないでしょう。無理が少ない方法は、その子が興味・関心を持つことを掘り下げ、展開する過程で生まれるつながりを基に、少しずつ人間関係を広げていくことです。

たとえば、組み立てることが好きならばロボティックスなどのクラブに入るのもいいですし、アートや音楽やスポーツが好きならば、様々な習い事を始めたり、スポーツチームに入るのもいいでしょう。そこで趣味を通して人とのつながりが生まれます。

今は、インターネットで呼びかけて、写真撮影、英語、アニメ、プログラミングなど、似たような興味を持つ子どもとつながることもできます。

子ども達の興味や関心が新たな人間関係を築く

我が家の子ども達も、学校以外の集まりで様々なつながりを築いてきました。

長男は自ら呼びかけて我が家のガレージで活動するロボティックスチームを作り、長女は写真撮影クラブを作りました。次女は、陸上クラブの子達と近所をジョギングし、三女は航空関係のＮＰＯ団体に入り、次男はサッカーチームでお友達と力を合わせることを学んでいます。学校の教室とは異なり、趣味が合う者同士が集まりますから、話も自然にしやすいようです。また、コーチなどの指導者がいる場合も、親以外の大人と関係を築く機会となります。

人とのつながりの中で、相手の「これをしたい！」という思いに共感したりされたりしながら、「ではどうしたらできるかな？」と一緒に考え、工夫し、試し、失敗し、励まし、もう一度試しということを繰り返し、途中でいざこざが起これば、相手も自分も納得する着地点を見出す。こうした体験を通し、子どもは少しずつ周りの人々と力を合わせることを学んでいきます。

長女や次女が転校先での友人作りについてカウンセラーにアドバイスされた内容も、本人の興味を軸にして、そこで生まれる関係を少しずつ広げていくというものでした。カウンセラーの方は娘達から興味のあることを聞き出し、アートクラブやスポーツチームなどのリストを送ってくださいました。

また、米国政府主催の転居が必要となる連邦職員家族のための研究会でも、「興味を持っていることが転居先で関係を築くための軸となる」と強調されていました。たとえば、バイオリンが好きで続けているのならば、転居先でも先生を探しレッスンに通うことで他の生徒や親御さんとの関係が生まれます。そして、どの地にいてもバイオリンを練習し、先生とやりとりするという変わらぬルーティンが、環境の大変化があっても、子どもに安定をもたらす軸となってくれます。

引っ越しを繰り返す我が家でも、陸上やサッカーなど子ども達の興味や関心が、いつも転居先での新たな人間関係を築いていく軸となっています。

興味・関心を基に広がるつながりは、やがて、「家族」と雑多な人々の集まる「社会」との懸け橋となってくれるでしょう。

第7章

敏感っ子が立ち直るために必要な「6つの力」

⑤「自分は成長する」と信じる力を育む

1 力やスキルを伸ばす「成長型マインドセット」

スタンフォード大学の教育心理学者キャロル・ドウェック氏によると、力やスキルを伸ばすことができるかどうかは、その子がどんなマインドセットを持っているかによるところが大きいといいます。

マインドセットとは、その人の持つ考え方、思考のパターンです。

マインドセットには、2つのパターンがあります。ひとつは**「能力は生まれつき決まっている」ととらえる「固定型マインドセット」**。もうひとつは**「能力は努力次第で伸びる」ととらえる「成長型マインドセット」**です。

様々な力やスキルが向上しやすいのは、後者の「成長型マインドセット」の傾向が強い人です。

確かに、「レジリエンスは生まれつき決まっている」ととらえ、あきらめて何もしない人と、「レジリエンスは伸ばしていくことができる」ととらえ、できることから実践する人とでは、レジリエンスの差も大きくなっていくでしょう。

片方の手で背中を押し、片方の手で抱きしめる

第7章では、「成長型マインドセット」を育む具体的な方法を見ていきます。ただその前に、大切なことを確認しておきましょう。

成長を周りから促されることで、敏感っ子の中には、「このままの自分ではダメなのかな。このままの自分では受け入れてもらえないのかな」と感じる子もいるかもしれません。

そうではないことを伝えるためには、成長に向けて子どもの背中を押すだけではなく、「あなたはあなたのままでいい」と抱きしめることも必要です。

成長を助ける働きかけを実践しながらも、第2章でお話ししたように、その日どんなことがあっても「大好きだよ。あなたは素晴らしい」と、抱きしめるひとときを

を持つよう心がけてみてください。

一見矛盾するかのような2つのサポートですが、両手をイメージするとわかりやすいかもしれません。片方の手で背中を押し、片方の手で抱きしめるというイメージです。

覚えておきたいのは、常に、より力の入る利き手で「抱きしめること」、そして少し力の弱いもう片方の手で「背中を押す」ということです。

子どもは、受け入れられていると感じられるからこそ、伸びることができます。

2 脳の仕組みを学ぶことで能力は鍛えるほど伸びると理解する

「成長型マインドセット」を育むには、様々な能力やスキルの向上を司る脳の仕組みを理解することが効果的とされています。特に「自分はできない」と思いがちな子どもにとって、その効果は大きいといいます[1]。

脳の仕組みについて子どもに伝わる言葉で教えよう

脳の仕組みを子どもに教えるには、子どもの発達段階に応じて、わかりやすい言葉を選ぶ必要があります。

学齢前の子には、こんなふうに話してみましょう。

(1) Author links open overlay panel Jérémie Blanchette, Sarrasin, LucianNenciovici, Lorie-Marlène BraultFoisy, GenevièveAllaire-Duquette, MartinRiopel, SteveMasson. 2018. Effects of teaching the concept of neuroplasticity to induce a growth mindset on motivation, achievement, and brain activity: A meta-analysis. Volume 12, Pages 22-31

「脳はね、『ちょっと難しいな』と感じることにチャレンジしたときに成長するんだって。『ああしたらいいかな、こうしたらいいかな』って考えたり、『どうしたらうまくいくかな?』って考えたりするうちに、脳の働きはどんどんよくなって、いろいろなことができるようになっていくんだよ。いろいろなことができるようになったら嬉しいね。だから、『難しいなあ』と感じるときは、脳が『よくなる!』って喜んでいるときなんだよ」

子どもの理解力が発達するにつれ、脳の仕組みについてより詳しく話し合ってみましょう。図や映像を見ながら話すとわかりやすいでしょう。

「脳は、一生、成長し続けるとわかっているんだよ。脳にはニューロンという神経細胞が100億ぐらいあって、難しいことに挑戦してトライ&エラーを繰り返すうちに、ニューロンの間につながりができていくんだ。このつながりが多く太くなるほど、人はいろいろなことがより容易にできるようになって、賢くなっていくんだよ。ニューロンをつなげるのは、谷に橋をかけていくようなもの。橋が増えて頑丈になれば、より自由自在にいろいろなところに行けるようになるね。いろいろなことができるようなったら嬉しいね」

また、脳を筋力にたとえるのも伝わりやすいです。

「自分にとって軽すぎるダンベルでトレーニングしても筋力に変化は起きないけど、『ちょっと重いな』と感じるダンベルを持ち上げ続けたらどうなるかな？　何日か続けると、以前ほど重く感じなくなるし、より重いものも前より簡単に持ち上げられるようになるよね。それは筋肉が成長したから。脳も、筋肉と同じで、ちょっと難しいなと感じるぐらいのことを続けてみると、どんどん成長していくんだよ」

敏感っ子は、考えることや想像することが好きな子も多いですから、一緒に脳の中で起こっていることについて想像を膨らませながら、脳の仕組みについて学んでいきましょう。

脳の仕組みを体感するアクティビティー

五感を用いて脳の仕組みについて学ぶことができる遊びを紹介しましょう。

①紐を用意し、いろいろな長さに切ります。

②その場にいる人をニューロン、紐をニューロンをつなぐ神経回路とします。
③「○○がうまくなるには、どうしたらいいと思う？」と尋ねます。
④最初にアイデアを提案した人は、紐を1本選んで端を持ち、もう一方の端を質問者に渡して持たせます。以降、アイデアを提案する人は同様に新たに紐を選んで端を持ち、自分の前の提案者にもう一方の端を渡します。
⑤いくつかの提案が出されたあと、ニューロンをつなぐ紐が、いかに複雑に入り組んでいるかを見ます。

すんなりとはできないことにも挑戦し、試行錯誤し工夫実践することで、様々な能力が伸びていくと理解しましょう。

3 ネガティブな言葉は成長型マインドセットを育む言葉へと変換する

成長型マインドセットを育むには、言葉に少し気を配り、否定的な物言いをやめて言い換えてみることも効果的です。

言い換えるとは、考え方のクセを変えるということにつながります。とはいえ子どもが自発的に言葉を言い換えるのは難しいので、親がこまめに声かけして、建設的な考え方ができるように方向づけてあげましょう。

敏感っ子は言葉の微妙なニュアンスもよく感じ取りますから、少しの違いで気持ちが楽になることもあるでしょう。

「できない」→「どうしたらできるかな？」「違う方法でやってみよう」

何かがうまくできなくて行き詰まり、子どもが「できない！」「もうダメ」と投げ出したら、こんな声かけをしてみましょう。

「どうしたらできるかな？」

「違う方法でやってみよう」

そうすれば、「材料が足りないんだ」と、うまくいかない原因を分析したり、「計画を立て直してみる」など、具体的な対策を立てられるかもしれません。

違う方法を見つけるために、「本だけじゃなくYouTubeで探してみては」といったアドバイスをするのもよいでしょう。

「どうしたらいいかわからない！」と激しく動揺している場合は、まずは共感やスキンシップを通して気持ちを落ち着けます。そして、「誰だって初めはできないもの。何ができるか一緒に考えてみよう」と話してみましょう。

「難しすぎる」→「ちょっと時間をかけるといい」

「この本は難しすぎて読めない」や「この数学の問題は難しすぎる」と、チャレンジを諦めかけたときは、こんな声かけをしてみます。

「簡単にはできないかもしれないね。時間をかけてみるといいよ」

「すぐにできなくても、時間をかけて工夫し取り組むうちに、脳も成長して少しずつできるようになるよ」

脳の仕組みなども思い出すよう促しつつ、励ましてあげましょう。

「うまくいかなかった」→「いつだってプランBがある」

たとえば、「公園で遊びたかったのに、雨が降ってきた」とがっかりしているようなときは、こう声をかけます。

「**じゃあ、新しい計画を立てよう。雨でも楽しめることって何かな？**」

「朝、先生に質問しようとしたけど、忙しそうで話しかけられなかった」としょんぼりしていたら、「**そっか。じゃあ、次に質問するのはいつがいいか計画してみよう。メールを送る手もあるんじゃない？**」と提案します。

プランAがうまくいかなくてもプランBがある、いつでも切り替えは可能であることを示してあげましょう。

「私はバカだ」→「学んでいこう」

「こんな問題もわからないなんて、私は本当に頭が悪い」と凹んでいたなら、「**学ぶことで頭はどんどんよくなっていくよ**」と声をかけます。

「こんな失敗をするなんて、私はバカだ」などと言う場合は、「**失敗から学ぶことで賢くなっていくね**」と話すことができるでしょう。

「何をどう学んだらいいかわからない」と言う場合は、その子が理解できるレベルの問題に戻るのも方法です。つまずいている箇所を解明して、理解できるよう工夫して教えましょう。

「友達は〜できるのに」→「友達から学ぼう」「友達はどう学んだのかな？」

友達と自分を比べて自信をなくしているようなときは、友達のやり方から学ぶことを勧めてみます。

「お友達は逆上がりが上手なのに、私は下手」と言う場合は、「**お友達の逆上がりをよく観察して、手の位置や足の位置や跳び上がるタイミングを学んでみよう**」。

「○○ちゃんは人前で話すのがとても上手なのに、私は緊張してうまく話せない」と言う場合は、「**お友達の話のまとめ方や話し方から学ぶといいよ。どうやってうまくなったか聞いてみるのもいいんじゃない？**」。

実際にお友達に聞けば、「話すところをビデオに撮って練習した」など、役に立つアドバイスをもらえることもあるでしょう。

このように、普段、親子で用いる言葉を意識することで、「自分はこのままではなく、よりよくなっていく」という「成長型マインドセット」を育むことができます。

4 「失敗はそんなに悪いものじゃない」と感じられる環境を整える

小さな間違いでもショックを受けがちな敏感っ子は、失敗をとても恐れます。しかし、失敗を恐れて踏み出すことをやめてしまったら、成長する機会を失ってしまいます。

人は、失敗から立ち上がったときにこそ大きく成長するのです。

我が家の子ども達が通ったギフテッドプログラムの低学年のクラスには、ホワイトボードの隅に、「ミス・テイク（テイク先生）」という名の笑顔の女の先生のイラストが貼ってありました。失敗を意味する「ミステイク（mistake）」に引っかけた名前です。

イラストに添えられた説明によると、テイク先生は、「アート室に引率するはずが保健室へ連れて行ってしまう、弁当を家に忘れる、生徒の名前を間違える、出席を取るのを忘れる、つづりを間違える」など間違えてばかり。完璧主義に陥りがちな生徒達に、「先生だって間違えるのだから、失敗したって平気よ」と呼びかけ、失敗への怖れをやわらげ、踏み出すことを励ますための工夫でした。

また、クラスでは「失敗のよいところについて話し合う時間」もありました。「失敗にはどんないいことがある？」という先生の質問に、「違うやり方を試せる」「失敗が怖くなくなる」「何回も取り組むことで上手になっていく」など、生徒がアイデアを出し合い、「失敗は悪くない」と確認していきます。

子どもが失敗したときの周りの大人の対応として、目くじらを立てて咎めるのと、傍で「**失敗しても大丈夫、失敗にもいいことがたくさんあるよ**」と伝え続けるのでは、子ども自身の失敗に対する考え方は大きく違ってきます。

石橋を叩いて壊しそうになるぐらい慎重で、「失敗したら一巻の終わり」ととらえがちな敏感っ子に、「失敗ってそんなに悪いものじゃない」と感じられる空気を作っていきましょう。

失敗したら「よくなるチャンスだね」と声をかける

子どもが失敗したり、何かがうまくいかないときは「チャレンジしたという証だね。よく頑張ってるね」と認め、励ましてあげましょう。

たとえば、お友達に「一緒に遊ぼう！」と声をかけたら断られたとしょんぼりする子どもには、「そうかあ。残念だったね」とまずは共感し、「でも自分から誘ったんだね。頼もしいなあ。頑張ったね」と喜んであげます。

我が家の子ども達も、学校のテストで期待した点が取れず、落ち込むことがあります。そのたびに、「これでよく理解できていない箇所がわかったね。改善していけるチャンスだ、よかったね」と声をかけるようにしています。そして、できなかった箇所を復習し、実際に、「テストで点が取れなかったことで、できることが増えて改善する」という体験を重ねる機会にできるよう心がけています。

「テストは、自分ができないことを教えてくれる機会」という気持ちでのぞむことで、テストへの緊張もほぐれます。

5 成長は一直線を描かない

ここまで、あらゆることを成長のチャンスととらえ、「成長型マインドセット」を育むお話をしてきました。

ただ、そうやって「成長」することばかりにフォーカスしていると、大切なことを見落としてしまうかもしれません。

この章の最後に、その大切なことについてお話ししたいと思います。

当たり前なのだけれど忘れがちな、大切なこと。それは、**人は必ずしも右肩上がりの一直線を描いて成長し続けるわけではない**ということです。

自分自身や我が子のこれまでを振り返れば、すくすくと一直線に伸びるだけではないことに気づかれると思います。

変化のない状態が長く続いたり、かえって後退しているように見えるときもあったでしょう。

たとえば、長い間なかなかお友達の輪に入らず、遠目にちらちらと観察ばかりしていた子が、ある日、すっと仲間に入っていることがあります。勉強でも、「この子にはまだ理解できないんだな」とあきらめていたのに、ある日突然、一気に高いレベルまで理解することもあります。

一直線に伸び続けることだけを成長ととらえるのは、一面的な見方です。変化がないとか、後退している様子に、「成長の見込みなし」とあきらめるのは早計で、なんとももったいない話です。

成長の芽は、硬い殻に覆われている種の中で、今か今かと飛び出そうとしている植物の芽のようなものです。そこで待ちきれずに水を注ぐことをやめてしまったら、芽生えを見ることもありません。

目の前の一進一退にとらわれて、子どもの可能性を信じられなくなったときには、成長は凸凹の線を描くものだと思い出しましょう。

第8章

敏感っ子が立ち直るために必要な「6つの力」

⑥ 楽しむ力を育む

1 遊びは「立ち直る力」を培う要素の宝庫

「遊び」は、様々な力やスキルを育むのに大変役立ちます。敏感っ子も遊びを通して、自分らしく楽しみながら「立ち直る力＝レジリエンス」に必要な力やスキルを培っていくことができるでしょう。

遊びなら失敗を気にせずトライ＆エラーを楽しめます。お友達に自分の気持ちや意向を伝えるチャンスもたくさんあります。興味の対象に深く没頭することで、リラックスした集中状態も体感できるでしょう。

「秘密基地作り」は、お友達と協働する力が身につきますし、様々な役割を体験できる「ごっこ遊び」は、異なる見方を理解する助けとなります。

遊びの素晴らしい点は、社会で生き抜くために必要な力やスキルを、大人の指導によって学ぶのではなく、自発的に楽しみながら身につけられることです。

我が家の子ども達にとっても、ダイビングボード、ウォーターパークの滑り台、スケートボードなど、夢中になって「ちょっとした挑戦」を繰り返すことは、不安ながらも踏み出す力や自信が育まれる機会だったと実感しています。

遊びには子どもの心を育む要素が溢れています。

遊び時間の減少がもたらす弊害

昨今、世界中の多くの国で、子どもの遊び時間が減っていると報告されています。日本でも、外遊び時間の減少による子どもの体力の低下や、情緒面や社会性への影響が懸念されています(1)。

遊び時間が減るにつれ、子ども達はより情緒面や行動面に問題を抱えるようになったとするボストン大学教授・ピーター・グレイ氏の研究もあります(2)。また子ども時代に自主的に遊ぶ自由時間を多く持っていた人のほうが、大人になってから心理面、思考面に柔軟性があり、社会的にも認められ、心身共により健やかであると

(1) 日本学術会議2013「我国の子どもの教育環境の改善にむけて―成育時間の課題と提言―」
(2) Peter Gray. 2015. Free to Learn. Basic Books

いう研究報告もあります[3]。

遊びのよさとは、社会的役割や自然の法則などの日常的な決まりごとから「ズレ」ることです。

遊びでは、子どもが親になり、人形が空を飛び、石が小川をせき止めるダムになります。積み木はお城に、段ボール箱は秘密の基地に、トイレットペーパーの芯が望遠鏡に、普段大人しめの子が暴れん坊やヒーローに変身します。

子どもは遊びに没頭し、こうした普段の生活とは違うズレた体験をすることで、日常を外から、少し客観的に眺めることができるでしょう。

周りの意向やその場の空気を読んで「いい子」になりがちな敏感っ子にとっては、決まりごとやしがらみにがんじがらめになっていた日常とのつき合い方に、ちょっと余裕のようなものが生まれるかもしれません。

そしてこうした遊び心は、深刻になりすぎる敏感っ子の気持ちをほぐし、情緒面の健やかさや生命力へとつながるでしょう。

(3) Werner Greve. 2014. Does playing pay? The fitness-effect of free play during childhood. Evolutionary Psychology 12(2): 434-447

2 子どもの遊び心を十分に発揮させるためのポイント

最近、日々子どもに接する保育士や教育関係者の方から、『遊び方』がよくわからない子どもが増えているのではないか」という話をよく聞きます。

手当たり次第に玩具に触ってはすぐ飽きたり、同じことを繰り返したり、お友達との玩具の取り合いに終始したりと、遊びがなかなか「発展」していかないというのです。

私もこんな体験をしました。

長男が３歳でプレスクールに通い始めたときのことです。そこは、良質の教具を子どもに自分の意思で選ばせて、一つひとつ「これはこう使うのですよ」と教え、使い方をマスターさせながら子ども自身のペースで学習を進めるという方針を持つプレスクールでした。長男は次から次へと教具に興味を持ち、3時間近く一心に集中して「ワーク」を続けていました。

ところがある日、小川に遊びに行ったとき、長男が発した言葉にはっとさせられました。

「僕はここでどんなワークをすればいいの？」

遊び盛りの3歳の子が、大自然を前に「どう遊んだらいいのか」と途方に暮れていたのです。

その後、私はプレスクールを変えました。自由に身の回りにあるものやお友達と遊ぶ環境を大切にするプレスクールに移り、ごっこ遊びや物語の住人になることにたっぷりと浸ることで、長男はよりのびのびと遊ぶようになりました。

子どもの多くは、元々「遊びの天才」です。環境や働きかけを少し工夫することで、子どもは本来の姿を取り戻し、生き生きと遊び始めるでしょう。

子どもの遊び心を十分に発揮させるためにできること

場と時間を確保する

遊びは、単調な繰り返しから始まり、子どもの想像力が膨らむにつれ、様々な方向へと枝分かれし豊かになっていきます。

もし大人の都合で「片づけなさい！」「もうおしまい！」と遮られたら、遊びは豊かに発展する前に終わってしまいます。忙しい日常の中でも、少しでもゆっくりできる場や時間を確保するよう心がけてみましょう。

目的や効率を追求しない

遊びには仕事とは違い、目的はありません。また、ゴールに効率よくたどり着く必要もありません。遊びではむしろ、寄り道を楽しむことが大切です。

子どもが「遊びモード」になっているところへ、「積み木はこうやって積むと崩れないよ」などと口をはさむと、子どもの想像力が遮られてしまうかもしれません。

遊びではあくまで積み木を積む「過程」を楽しみます。自由に積んでいるうちに、積み木が道路やビルになり、遊びが発展していきます。

応用の利く玩具を与える

「このボタンを押したらこの部分が動く」といった、特定の決められた働きをする玩具ばかりではなく、自らの想像力や創造力を用いて展開していくことのできる玩具を用意します。積み木や、組み立て式のセットや人形などもいいですし、布や空き箱や石や小枝などでも立派な玩具になります。我が家でも、引っ越しで用いる段ボールが、引っ越し先で玩具として大活躍していました。

想像力を刺激する言葉がけをする

たとえば、こんな言葉をかけることができます。

子どもがミニカーを前後に動かしていたら、「その車はどこに行くのかな？」「中に誰が乗っているんだろう？」

人形を抱っこしていたら、「何が食べたいのかな？」「どんなところに住みたいんだろう？」

想像力豊かな敏感っ子も多いですから、こうした声かけに遊びが広がるでしょう。

スケジュールの詰まった現代の子育て生活では、「ゴールへまっしぐら！」と仕事モード全開で１日を終えてしまいがちです。仕事モードを少し横に置き、寄り道を楽しむ「遊びモード」に切り換える時間を持ってみましょう。そんな童心に返る遊びの時間とは、実は子どもにとってだけでなく、大人にとっても、リフレッシュできるひとときとなるのではないでしょうか。

3 ユーモアで心身をほぐす

最近、皆さんは笑っているでしょうか。

笑いは、緊張して力の入りがちな敏感っ子の心身を緩めてくれます。プッ、クスッと思わず噴き出したり、ケタケタ、ゲラゲラとお腹を抱えて笑い転げたりと、日常に笑いを散りばめたいものです。

アーロン氏のHSCやギフテッドのチェックリストにも、「ユーモアがある」という項目があるように、敏感っ子の多くは、ユーモアが大好きです。緊張しがちな自分自身を緩める方法をわかっているのかもしれません。

我が家でも、幼児期に読んでほしいと何度もせがまれた本は、笑える場面があるものが多かったです。好んで遊ぶお友達もユーモアのある子が多く、お友達と一緒にケタケタ笑ったあとは、そのお友達のことをいっそう大好きになるようです。怖がりですぐに泣いてばかりいた長男の心をほぐし、少しずつ前に踏み出していくのを励ましたのもユーモアでした。

長男は小学校低学年のとき、気弱で怖がりの男の子が自分の日常生活を面白おかしくつづる『Diary of a Wimpy Kid』という本が大好きで、何度も読み返していました。自分を主人公のグレッグに重ね、笑ってしまうことで、「自分はダメだ」といった自責の念や深刻な気持ちが随分とほぐされたようです。

また子ども達が思春期に入り、進路や社会問題などより深刻に考える問題も増える中、私達家族を日々ほぐしてくれるのも、「笑い」だと実感しています。

日常に笑いを散りばめるアイデア

●にらめっこ

●アプリで面白顔加工

性別の違う顔や赤ちゃん顔、口を開けると驚きのモノが溢れ出したり、キュートすぎる装飾がされたりと、様々なアプリがあります。

●**ジョーク集を読む**

子どもからお気に入りの冗談を教えてもらいましょう。我が家の場合、アメリカのものは笑いのツボが日本とは違って、「何が面白いんだろう?」と笑えないものもあるのですが、お互いに「はっ?」となる様子も楽しんでいます。

●**ダジャレ**

●**早口言葉**

●**語尾を変形させる**

真顔でするといっそう効果的です。「そういうこともあるでちょ」など。

●**お笑い番組やコメディー映画鑑賞**

●**意外な行動をする**

たとえば、シリアスな面持ちで突然踊ったりスキップしたりと、「そこでそれをするか?」といった行動をとります。

●**第4章の「認知の偏り」の誇大パターンを真顔でする**

たとえば、「来年、南の島を旅行したいね」と言ったあと、「いや、来年、南の島を旅行しないなら生きている意味がないし、もうすべて終わりだよね」と言い直したり、「この料理、醤油が少し足りないかな」から、「いや、この料理は醤油が足りないからもう一生私は料理を作る資格がない」と言うなどです。「そんな馬鹿な」と笑いながら思考パターンを客観視できます。

無邪気な笑いを心がける

人を見下して馬鹿にする「いじめ」のような冗談や皮肉は笑えないどころか、正義感が強く優しい子は、怒ったり傷ついたりすることもあるでしょう。

たとえば、皆に順番にプレゼントを渡しながら、特定の子に「君にはあーげない！」とふざけてみせるような冗談はやめましょう。たとえ「嘘だよ～」とおどけたとしても、本人だけでなく、見ている子も傷つくでしょう。見かけや欠点をあげつらうなどはなおさらです。

誰かを見下し貶めることのない、無邪気なユーモアを生活に散りばめていきましょう。

4 好奇心を蘇らせる

考えることが大好きな敏感っ子は、「これってどういうことだろう？」「これはどうしてなんだろう？」と好奇心を持ち、物事の意味や理由について探究することを楽しみます。

周りの人々にせわしなく質問をぶつける子もいますが、一見物静かで大人しく見えるけれども頭の中では疑問やアイデアが次から次へと浮かんでいて、内面はとても賑やかな子もいたりします。

敏感っ子が、ウキウキと心が躍るような好奇心や探究心を存分に発揮できる時間や場を整えましょう。

好奇心を育む対応とは？

米国インディアナ大学の研究チームは、乳幼児と親が玩具で遊ぶ様子を観察しました[4]。まず、親が子どもに向き合う姿勢は次の２グループに分けられました。

①乳幼児が特定の玩具に興味を持つよう強制する

親は、乳幼児が特定の玩具に興味を持つよう、玩具をかざして注意を引きつけようとし、使い方を見せ、名前や仕組みを教えてやろうと一生懸命です。

②乳幼児を遊びに導く

親は、乳幼児の様子を注意深く見守ります。そして、乳幼児が興味を示すものについて興味を広げるよう働きかけます。

研究チームがさらに、「親子の目の動き」に注目して観察をしたところ、次の結果が得られました。

(4) Chen Yu, Linda B. Smith. 2016. The Social Origins of Sustained Attention in One-Year-Old Human Infants. Current Biology.

①の「乳幼児が特定の玩具に興味を持つよう強制する」親のグループでは、乳幼児の目線は親の肩越しや天井にばかり注がれ、特定の玩具に興味を示すことがほとんどありませんでした。

一方、②の「乳幼児を遊びに導く」親のグループでは、乳幼児は特定の玩具により長い時間視線を注ぎ、強い興味を持続させました。

つまり、**大人が「あれをさせたい！」「これを教えなければ！」と一生懸命になるほど、子どもの好奇心は萎えてしまう**というわけです。

子どもの興味を持続させるには、大人の興味よりも、本人の興味を優先し、働きかける必要があります。「これをさせたい！」「あれを教えなければ！」という親自身の気持ちを抑えて、まずは目の前の子どもの様子をよく見てみましょう。

乳幼児は、子どものためを思って買った高価な玩具より、お菓子の包み紙や、夕飯にと買ってきたカボチャなどに、好奇心全開で目を輝かせることも多いものです。子どもが興味を示す対象の一つひとつを、子ども本人が探索するようサポートすることが、好奇心を育むことにつながります。

「なんだろうね？」と不思議がる好奇心が楽しむ気持ちを回復してくれる

子ども達の小学校で、チェスクラブの手伝いをしていたときのことです。

負けても気持ちをそれほど表さない子と、怒って泣き叫ぶなど感情を爆発させる子がいました。私の仕事は、講師のチェスマスターや他の児童の邪魔にならないよう、気持ちを切り替えられない子のお世話をすることでした。

そこで学んだのは、子どもの気持ちが落ちついて、一気に目の輝きが戻るのは、その子の内に好奇心がむくむくと湧き上がったときだということです。

私は、その子達の負けた悔しさの爆発がおさまりつつある頃に、こんな言葉をかけてみました。

「どこで違う手を打ったらよかったんだろうね？」

「今度同じような対局になったらどう打つ？」

すると皆、悲しみに歪んだ顔が次第に考える表情へ変わっていき、「あそこをこうしたらいいのかな」「ああいうときは、こうしたらどうだろう」と、様々な手を考えて、楽しみ始めるのです。

　チェスが大好きな子達が集まったクラブですから、チェスへの興味関心も高く、だからこそ負ければ強い感情も溢れます。そうしたチェスへの好奇心の強さを回復することで、ネガティブな気持ちから再び楽しむ気持ちへと変化します。

　クラブに所属していた三女と次男は、他の生徒や講師のいる教室の中では、たとえ負けても涼しい表情を装うタイプでした。ただし次男は、家でゲームに負けたときは、クラブの癇癪っ子と同じように感情を爆発させたものでした。

　そのときも、まずは気持ちを落ち着かせることを優先し、教室での対応と同じように「どうしてだろうね？」と不思議がって見せると、次第に楽しむ気持ちが回復しました。

　その子の好奇心を観察しサポートしていきましょう。好奇心がその子の内に湧き上がることで、楽しむ心が蘇るでしょう。

5 「したい！」と夢中になるものを持つ

凹みやすい敏感っ子が立ち直る支えとなってくれるもののひとつに、「したい！」と夢中になれるものの存在があります。

どんなに凹んでも、夢中になって楽しめるものがあれば、それに没頭するうちに、思いつめていた気持ちも少し楽になっていきます。

嫌な出来事をなくすことはできません。しかし、「好き！」と思うことを増やしたり、「好き！」という気持ちを強めていくことはできます。

我が家の子ども達も、嫌なことがあったり、難しい状況に直面したとき、それぞれが夢中になっているものに助けられてきました。

好きなこと、したいことが立ち直る力を育む

長男は小学校高学年のとき、「ピリオドを忘れる大賞」をもらったことがあります。作文でつづりを間違えたりピリオドを忘れたら、その文を100回書くという課題が出た際、クラスで課題を一番もらってしまったのです。

その夜、長男はしょんぼりした様子でしたが、「あ、そっか、うん、よし、できるぞ」とつぶやきながら夕食を食べ終え部屋に向かいました。就寝前にのぞいてみると、課題はそっちのけで、ピリオドを打ってくれるロボットを作ることに夢中になっていました。

不名誉なことでクラス一となってしまった長男でしたが、それに凹まず前向きになれたのは、ロボット製作という好きなことが一方にあったからです。「どうしたらミスが少なくなるかな？」という話し合いも、長男の心に届きやすくなりました。

また、中学校ではこんなこともありました。長男は幼少期から怖がりでよく泣き、子ども番組の闘いの場面さえ観られない子でしたが、ある日、女の子のお友達に「ホ

ラー映画を観に行こう」と誘われたのです。

長男はどうしたかというと、その日から毎日、観に行く予定のホラー映画について、ＹｏｕＴｕｂｅやネットで情報を集め続けました。そして当日、「この映像は作りもの。俳優の演技」と、何度も映画の制作裏話や撮影風景を思い浮かべ、自分に言い聞かせたといいます。

好意を寄せるお友達と「一緒に映画を観に行きたい」という強い気持ちが、苦手なことを克服する力となったのです。

人見知りしがちの次女と次男が、引っ越し先の新天地で人の輪の中に踏み出していけたのも、２人が夢中になっていたランニングとサッカーのおかげでした。大好きという気持ちから、緊張しながらも現地の陸上クラブとサッカークラブに思い切って飛び込むことができ、そこで出会ったチームメイトやコーチを通し、少しずつ新しい土地に馴染むことができたのです。

「好き！」という強い気持ちは、敏感っ子が普段は躊躇するようなことに一歩踏み出す突破口となってくれます。

6

「好き！」な気持ちを飛び石にしてステップアップする

「一生これがしたい！」と打ち込むものを見つけられる子もいるでしょう。でも、皆が初めから目を輝かせ、「これだ！」と食いつくようなものを見つけられるわけではありません。かえって、「一生打ち込むもの」を見つけようと思うと、見つかりにくいかもしれません。それよりも、**目の前の「いいな」と感じるものを、飛び石のようにして、ぴょんぴょんと前に進んでいけばいいのではないでしょうか。**

我が家の子ども達も、いろいろな「好き！」を見つけ、はまってきました。チェス、ピアノ、水泳、マラソン、レスリング、柔術、アクロバティックダンス、チアリーディング、サッカー、読書、組み立て工作、絵を描くこと、音楽鑑賞、映像、写真撮影、料理、レスキュー隊、スケートボード……。

続いているものもあれば、「はて、あの情熱はどこへ？」というものもあります。それでも、「好き！」と踏み出し、前へ前へと進む中で、留まっていては決して出会うことのなかったかけがえのない体験を重ねてきました。そのことに大きな意味があるのではないでしょうか。

将来、「あの飛び石をまた踏んでみようかな？」と思うこともあるかもしれません。「好き！」が将来仕事になるかもしれませんし、趣味として楽しむことになるかもしれません。それはわかりませんが、夢中になれる趣味があるということは、きっとその子の人生を豊かにしてくれるでしょう。趣味がある人は、心身共により健やかという研究報告もあります[5]。

「好き！」と没頭する時間と空間を、できる範囲で整えてあげましょう。

「この子を楽しませないと」と真剣になる必要はない

この章を読み、楽しむ体験を子どもにたくさんさせてあげようと、一生懸命になる必要はありません。

(5) Sarah D. Pressman, Karen A. Matthews, Sheldon Cohen, Lynn M. Martire, Michael Scheier, Andrew Baum, Richard Schulz. 2009. Association of enjoyable leisure activities with psychological and physical well-being.

楽しむ気持ちや遊び心や好奇心というのは、子どもが安全でリラックスできる環境にあるなら、自ずと湧き上がってきます。むしろ親が傍で、「この子を楽しませないと」と真剣になるほど、敏感っ子も「しないとモード」となり、緊張して余計な力が入るかもしれません。

その場で期待されることや、周りの人々の気持ちを思いやり、自分を抑えて周りに合わせることを優先しがちな敏感っ子は、「安心してリラックスした状態」になるのが、少し難しい場合があります。

ですから、親にできるのは、その子にとって気の置けない人々に囲まれて自分らしく過ごせる時間や、一人で過ごすダウンタイムを整えること。そして本人が興味を持つことを掘り下げたり展開したりする機会を、できる範囲で用意してあげることです。あとは、親自身も力を抜いて楽しむ姿を見せるのがいいでしょう。

第9章

親にも必要な「立ち直る力」の育み方

1 周囲の人と温もりある信頼関係を育む

敏感っ子を育てていると、「周りの人々に理解してもらうのが難しい」と孤独感を感じることがあるかもしれません。

誰かに子育ての悩みを話しても、敏感さについて理解を得られず、「気にしすぎじゃない？」と一蹴されることもあるでしょう。子どもが引っ込み思案だったり、はきはきと元気のいい受け答えができない様子に、過保護や過干渉といったレッテルを貼られることもあるかもしれません。

私も子育てを始めた当初は、周囲の言葉の一つひとつを正面から受け止め、落ち込みました。しかし、子どもの敏感な性質や対応について理解し、5人の子ども達の成長を目の当たりにするうちに、「ちょっと待てよ」と思えるようになりました。

今では、敏感さの表れの一つひとつが、その子が自分らしく成長するための貴いサインだったと思えます。

もし、頭ごなしにネガティブな決めつけをする他者の言動がつらいなら、その相手とは一時的にでも距離を置くようにしてみてください。

身近な家族や職場の同僚など、物理的な距離をとるのが難しい場合は、できるだけ自分の子育てについて話さないことです。そのためにもし孤独感が増すようなら、自分をより尊重してくれる人とつながってください。

つらい人間関係に悩んでいるときは、見方を変えればそれまでの環境を見直し、新しい人間関係を築くべきときです。

敏感っ子や様々な特性を持つ家庭の集まりに顔を出してみるのもいいでしょう。不登校の親の会やホームスクールグループもあります。子育てとはまったく関係のない趣味の集まりでもいいでしょう。私自身も、詩や俳句の創作グループにどれほど元気をもらったかわかりません。

人間関係の葛藤は、世界を広げる機会です。つき合うのは少数で十分ですから、互いを尊重できる人達と、温もりある信頼関係を築いていきましょう。

2 自分自身と温もりある信頼関係を築く

難しい子育てをしている人ほど、自分自身とも温もりある信頼関係を築きたいものです。

自身の内に温もりが満ちていないのに、子どもやパートナーに温かい気持ちを向け続けるのは難しいことです。温もりを差し出し続けて空っぽになった心にイライラや怒りが溢れ、燃え尽きてしまうこともあるでしょう。

「**セルフコンパッション（自分への思いやり）**」の大切さを唱えるテキサス大学の心理学者クリスティン・ネフ氏は、子育てする親や介護士など、密に他者の世話をする立場にある人ほど、自分への思いやりが大切といいます(1)。周りを思いやり続けることで、自分はどんどんとあと回しになり、結果、疲弊してしまうためです。

(1) Kristin Neff 2011. Self-Compassion: The Proven Power of Being Kind to Yourself. William Morrow

自分に思いやりを向けるということがピンとこない場合は、大切な人に向き合う様子を想像してみてください。

たとえば、大切な人が何かうまくいっていないとき、どんな態度でどんな言葉をかけるでしょうか？

まずは「どうしたら励ますことができるかな？」「どうしたら助けられるかな？」と思いながら、こんな言葉をかけるのではないでしょうか。

「うまくいかないこともあるよね。でもあなたなら大丈夫。なんか美味しいものでも食べに行こうか」

一方、自分がうまくいっていないときのことを思い返してみてください。

冷たい気持ちでイライラや怒りをぶつけ、自分に対してこんな言葉を放ってはいないでしょうか？

「また失敗してる。私ってどうしようもないよね。周りはみんなできてるのにこんなこともできないなんて。先が思いやられる」

大切な人には決して向けない態度や言葉を、自分に対しては平気で投げつけていることも多いものです。

自分が自分に向ける態度や言葉に気づいてみましょう。

自分へ思いやりを向ける方法

自分を思いやる方法、「セルフコンパッション」は次のように実践することができます。

温めた手で胸、お腹、肩、首、頬に触れたり、自分をぎゅっと抱きしめてみます。体温に触れることで、温かい気持ちになるホルモン「オキシトシン」が分泌されます。

そして思いやりを込めて、自分に話しかけます。どうすればいいかわからなくなったら、友人など大切に思う特定の人物を思い浮かべてみましょう。

●何かがうまくいかないとき

「きついよね。大丈夫、一緒にいるよ。何ができるかな」

●日常

「頑張ってるね。えらい」

●就寝前

（たとえその日どんなことがあったとしても）「今日も私なりによくやった。おやすみ」

大切な人を思いやるように、自分も大切にするよう心がけてみてください。すると、少しずつ心が温もりで満たされていきます。そして周りに対しても、より自然に、思いやりを差し出せるようになります。

3 ネガティブな感情をぶちまけない工夫

強い感情を持つ敏感っ子と四六時中顔を合わせていれば、イライラや怒りなど、ネガティブな感情が湧き上がるのも自然なことです。

人の心は、ポジティブな感情とネガティブな感情が入り交じった多様な感情を持つほうが健やかであるという研究もあります。悲しみや怒りといったネガティブな感情を持つこと自体は、とても健全なことです。

ただし、ネガティブな感情を持つことと、ネガティブな感情を周りにぶつけることとは同じではありません。

ネガティブな感情を抑えつけることを目指すのではなく、自身の内に湧き上がるネガティブな感情を認め、周りにぶつける以外の方法でリフレッシュしていきましょう。

ネガティブ感情をぶつけることで陥る悪循環

イライラや怒りのままに行動したら、どうなるか想像してみてください。相手にネチネチと小言を言ったり、怒鳴ったり、意地悪したり、邪険にしたり、無視したりといった行動につながりやすくなるでしょう。

さらに、そんな自分を自己嫌悪し、イライラや怒りがいっそう増して、少しのことにも過剰に反応し、またイライラし怒るといった悪循環に陥りがちです。すると子どもも情緒が不安定となり、親がよりネガティブな感情を持つような言動をするようになるかもしれません。

この悪循環を断ち切るためには、ネガティブな感情をそのまま行動に移す前に、「一休止」入れることです。

「一休止」を入れる工夫

①まずは自分の感情に気づく

たとえば、「ああ、自分は今むちゃくちゃムカついてるな」と言葉にしてみましょう。

②自分に思いやりを向ける

ここで大切なのは、子どもに対しネガティブな感情を持つ自分を過度に責めないことです。それよりも、「この状況だと、やっぱり怒りたくなるよね。私はよくやってる」と自分の肩を叩きながら労ってください。

③落ち着く

次のような方法を試してみましょう。

●身体の力を抜く

感情は身体に表れます。肩、眉間、頬、舌にギュッと入った力を、吐く息とともに緩めるようイメージしてください。

●深呼吸

深い呼吸は、副交感神経を活性化し、リラックス状態へと導いてくれます。

●場所を変える

自分がその場を離れても子どもが安全でいられるようなら、場を移します。トイレに入り一人になるのもいいでしょう。

●何かを飲む

水でもいいですし、白湯やお茶などの温かい飲み物もホッとできます。

主宰する「子育ての知恵」ワークショップで、参加者の一人が「お湯で手を洗う」という方法を教えてくださいました。お風呂に入って「ふ～」と身体の力が抜け気持ちよくなる感覚を思い出すとのことでした。

自分なりに気持ちが落ち着く方法を試し、工夫してみてください。

4 小さな変化を認める

感情とうまくつき合う方法は、すぐに効果がある方もいますが、そう簡単には変われないという方も多いでしょう。自身の親との関係も含め、長い間に培われた感情表現の習慣は、そうすぐに変えられはしないかもしれません。

変化は次のように少しずつ起こります。

怒りをぶつけたあとも気持ちを引きずり再びイライラをぶつけてしまうことが減る

⬅

怒りをぶつける時間が、10分↓8分↓5分というように徐々に短くなる

⬅

怒りをぶつける前に一休止入れられるようになる

こうした経過を繰り返しながら、三歩下がって四歩進むというふうに少しずつ変化します。

大切なのは、「少しの変化」にも気づいて認めることです。怒りをぶつける時間が10分から９分に減ったら、その１分を認め、「よくやった」と自分を労い、褒めましょう。

疲れていたり、お腹がすいていたり、スケジュールが詰まっているときなどは、感情が爆発しやすくなるのは当然です。そうしたときは、イライラや怒りを自分のケアが普段よりも必要だと知らせるためのサインととらえ、自分を大切にしてあげてください。

自分に思いやりを持ち、気長に向き合うこと。そうした態度は、子どもに対応するときの大らかさへとつながり、必ずよりよい循環が生まれます。

ネガティブな感情を子どもにぶつけたら立ち直る姿を見せればいい

私達はロボットではありませんから、完璧に感情をコントロールすることはできませんし、する必要もありません。

ネガティブな感情を子どもにぶつけたなら、落ち着いたあとに子どもに謝ればいいのです。

「さっきはごめんね。あんな言い方する必要なかったよね。ママ（パパ）も疲れていてつい言いすぎた。今度は気をつけるね」と伝え、子どもが嫌がらないようならば、ぎゅっと抱きしめてあげましょう。

謝り、改善しようとする姿を見せれば、子どもとの信頼関係はより深まります。そして子どもも、「間違えたら謝り、今後はよくしようとすればいいんだ」と、立ち直る力を学ぶことができます。

5 親自身のフィルターと、それが子どもに与える影響を自覚する

親であるあなたが、もし子ども時代に敏感っ子でつらい思いをしてきたなら、目の前の子どもには「同じ思いをさせたくない」と願うでしょう。

逆に子ども時代、敏感な面が目立たない子だったなら、「なぜこの子はこうなんだろう？」と不思議でしょうがないはずです。

多くの場合、人は自ずと「自分の生い立ち」を通して我が子を見ています。子育ては、親自身の生い立ちを思い出す過程ともいえるかもしれません。自分の生い立ちを自覚することは、目の前の子どもにより適切に向き合うための助けとなります。

親がかつて敏感っ子だった場合

親自身がかつて敏感さゆえにつらい思いをした場合は、自分と同じ思いをさせたくないという気持ちから、極端な対応をしてしまうかもしれません。

たとえば、子ども時代、何かを無理強いされたのが嫌だった場合は、子どもが乗り気ではないことは一切させないようにすることもあるでしょう。

逆に「自分がしてほしかった」ことを、子どもの意向にかかわらずやってしまうこともあるかもしれません。

私にも覚えがあります。私は、高いところやジェットコースターなどのスピードが速い乗り物が大の苦手でした。ですから、子どもも苦手に違いないと思い込み、遊園地へ出かけても、高さやスピードのある乗り物を避けていました。

ある日、小学校のプールの付き添いに出かけたときのことです。

クラスメイトのお母さんが、プールの高飛び台から娘さんに向かって「見て見て！」と叫びながら飛び込みました。

そしてそのあと、水をしたたらせながら私の隣に来て、こう言いました。

「私、高いところ大嫌いなんだけど、あの子が少し怖がってたから、大丈夫よと伝えたくて」

はっとしました。**子どもは、親の自分とは異なる一人の人間です。自分が苦手だからと子どももそのことから遠ざけてよいわけがありません。**

それ以来、自分の不安や恐怖はできるだけ横に置き、目の前の子どもが自分自身の体験をできるよう心がけるようになりました。

現在５人の子ども達は、高飛び台もジェットコースターも平気で楽しんでいます。子どもが多様な体験をできるよう励ましていきましょう。

敏感さのとらえ方を見直す

敏感さゆえに、つらい思いをした過去がある場合は、自身の「敏感さ」をネガティブにとらえてしまうかもしれません。しかし、いい面もたくさんあると思い出していきましょう。

たとえば、内面の豊かさ、感受性の強さ、想像力、創造性、細やかさ、共感性、優しさなど、敏感さゆえに与えられたよさがあるはずです。

敏感な子どもは特に、親の言葉より親の行動をよく見ているものです。親が敏感さをポジティブにとらえるとき、子どもも自身の敏感さによい印象を持つことができます。

これからを生きる敏感っ子が、胸を張って、誇りを持って、「自分には敏感な面がある」と認められるよう、敏感さのよい面に気づいていきましょう。

親が敏感さの目立たない子だった場合

親が自分の敏感さで困った経験がない場合、敏感っ子の一挙一動が、あまりにも自分の子ども時代とは違いすぎて、不可解でしょうがないと感じるかもしれません。こんなことを怖がったり、こんなことで泣いたり、こんなことに踏み出せないなんて、「怖いふりをしているのか」「わざと困らせようとしているのか」とさえ感じることがあるかもしれません。

親自身が、大勢が集まる賑やかなパーティーが好きだったり、新しい物事への挑戦や新しい場所での冒険に積極的な場合は、そういったことを躊躇する子に対し、「楽しみやチャンスを逃している」と残念に思うこともあるでしょう。

そのため、よかれと思って敏感っ子の背中をぐいぐいと無理に押しすぎることもあるかもしれません。

もし心当たりがあるようでしたら、敏感っ子の目線に降りるよう心がけてみてください。敏感っ子が何を思い、感じているか想像してみましょう。

新しいことを始めたり、新しい地へ出かけるときは事前に話し合い、できる範囲で十分に準備時間をとるようにします。親が話すだけでなく、子どもの言葉を聞くよう心がけます。その際、子どもが親を喜ばせたり心配させないように自分の気持ちを抑えていないか注意してみてください。

子どもが自分の気持ちを表すのが難しい様子の場合は、「家でゆっくりするのと、ショッピングへ出かけるのどちらがいい？」と選択できるようにすると、子どもも自分の意向をより伝えやすいでしょう。

大事なのは、子どもの選択を残念だと思わないこと、残念そうな様子を見せない

ことです。敏感っ子は一人でいることも大好きなのだと理解しましょう。ダウンタイムをたっぷりとることで、敏感っ子の多くは新しいことに踏み出し、楽しむことができるようになります。

親自身がかつて敏感っ子であったとしても、そうでなかったとしても、大切なのは目の前の子どもをよく見ること。自身の偏りがちなとらえ方を自覚することで、敏感っ子にとって、かけがえのない頼もしい支えとなるでしょう。

6 子育ては一人でするものではないと心に刻む

子育ては一人でするものではありません。６００万年の人類史のうち99％の期間を占める狩猟採集時代にも、子育てはコミュニティーで行われてきました。

しかし、核家族化が進んだ現代の日本では、１日の大半を一方の親と子どもが密室で過ごすケースも多くなっています。特に周りになかなか理解されない敏感っ子を育てているとなれば、孤立感がいっそう深まることもあるでしょう。

こうした状況ですから、なおさら、「子育ては一人でするものじゃない」という基本を思い出し、状況を改善していきたいものです。

パートナーと共に子育てするということ

パートナーがいる場合は、まず「一緒に子育てをする」という大前提を確認し合いましょう。片方の親が子育てを「手伝う」のではありません。そして、どうやって具体的に一緒に子育てするのかについて話し合いましょう。

共働き、専業主婦（夫）など、家庭によって状況は随分と変わります。ですから、どちらの親がどれだけの家事・育児をするかは、個々の家庭で決める必要があります。大切なのは、お互いに我慢しすぎていないこと、納得し合っていることです。そのためにも、定期的に話し合う機会を持ちます。

お互いが同意してルールを決め、書き出しておきましょう。

我が家も20年以上、夫と共に5人の子どもを育ててきました。その中で、共に子育てをするために、常に覚えておきたいことを話し合い、6か条にまとめてあります。ぶつかってヒートアップしたときに思い出せるよう、寝室の壁に貼ってあります。

「共に子育てをするための6か条」

①原点に立ち返る

私達夫婦が根本的に同意する原点は、「子ども達に今の時点で自分達にできるベストな環境を整えてあげたい」ということです。互いの足りない部分を非難し合い、「どちらが正しい」と競い合う最中にこそ、この原点を思い出すようにします。

②相手の言い分を遮らず終わりまで聞く

途中で、「でもさ！」と言いたくなるのをグッと我慢し、相手が話し終わるまで口をはさまないようにします。話を聞きながら、言いたいことを忘れないようにメモしておくのも一法です。

③感情が高まっているときはお互いに落ち着いてから話し合う

感情が高まっているときは、思考、記憶、想像、計画などの脳の機能（大脳皮質）がうまく働きません。そのことを理解し、まずは気持ちを落ち着けるようにします。

④互いを非難する場合は子どものいない場に移る

気持ちが高まり、互いにののしり合いそうになったら、子どものいない部屋へ行くようにします。子どもの前では、なるべく親はお互いを思いやり、リスペクトする言葉をかけたいです。もし非難をぶつけてしまったら、そのあと、仲直りする様子を見せましょう。子どもも安心しますし、ケンカをしても元に戻ることができるのだと、立ち直る力を学ぶことができます。

⑤同意しないということに同意する

意見が異なる場合は、ひとまず同意しないということに同意します。そして、リサーチと話し合いを続けるようにします。

⑥「何かしてほしいことある?」と声をかけ合う

家事・育児の分担の大枠は決めておき、その上で、互いに「何かしてほしいことある?」と声をかけ合うようにします。相手がイライラしていたり、何かがうまくいかない様子のときもご機嫌のときも、「何かしてほしいことある?」と聞いてみましょう。できれば、最低1日1回を目安に心がけましょう。

たとえば、出かける前、自分の準備はできているのに相手がまだのとき、「早くしないと遅れるよ!」ではなく、「何かしてほしいことある?」と声をかけることで、関係はずっとよくなります。頼むほうも、「言わなくてもやってよ」などと思ったとしても、「おむつ3つとおしりふきをバッグに入れてくれる？」など、具体的に言葉にして伝えることで、相手も行動しやすくなりますし、よい循環が生まれます。

家庭の外に頼ることのできるつながりを築く

シングルペアレントの場合は特にですが、パートナーがいる・いないにかかわらず、親族や友人、自治体の援助に頼ることができる環境を整えたいものです。

在住する自治体に、子育て支援についてどんなサービスがあるかを調べてみましょう。敏感な性質や特性を持つ子の親の会や不登校の会、ホームスクールの会などに顔を出し相談することもできます。インターネットで方針の似た家庭や子育て支援をする人々とつながるのもいいでしょう。

周りの人々に頼るとなると、「迷惑をかけたくない」と感じるかもしれません。

上の子達が小学校低学年のとき、こんなことがありました。

小学校では、行事のたびにボランティアが募集されていましたが、小学生２人に乳幼児3人を抱えた私には、とてもそんな余裕がありませんでした。

それを密かに気に病んでいた私は、ある日、受付でボランティアをしていたお母さんに、「いつもすみません。何もできなくて」と謝ったのです。

すると、そのお母さんはニコニコしながらこうおっしゃいました。

「謝る必要なんてこれっぽっちもないですよ。できる状況にある人が、できることをすればいいんです」

思わず涙が出ました。

できる状況にある人ができることをすればいい。

子育てをする一人ひとりが、こうした思いを持って互いに助け合えば、より子育てのしやすいコミュニティーが築かれていくと思いませんか。

人はお互いに迷惑をかけ、助け合いながら生きる生き物です。ですから必要があれば周りに助けを求めましょう。いつか自分に余裕ができたら、その時点で周りにいる人々に少しでも恩返しすればいいのではないでしょうか。一人ひとりのそうした行動が、あとに続く人々にとってより子育てしやすい環境を築くことにつながるのかもしれません。

7 「人はいくつになっても成長する」と思い出す

米国に20年以上住んで、日本との違いを強く感じることのひとつに、米国では年齢によって自らを制限することが少ないということがあります。

「私は○歳だから、もうそれはできない」という言葉を聞くことは、滅多にありません。

近所の60代の女性がマラソン大会に参加したり、陸上競技会の「お年寄り向けレース」に１００歳の方が裸足で短距離走に参加したり、職場の先輩が60代から社交ダンスを始めたり、50代からカンフーを始めたり、枚挙にいとまがありません。

36歳で英語をまったく話せず単身日本から米国へ移住した私の伯母も、80代になっても毎年スキー場に出かけ、「今年もまた上達しちゃったわ」と嬉しそうに話しています。19歳で夫を出産した義母は、30歳になってから大学へ通い、卒業後は高校教師をしながら修士号を2つ修得し、60歳で博士号を取りました。

私が州立大学で日本語を教えていたときも、60代や70代の方が若い学生に混ざっていることがたびたびありました。最初の授業で「なぜ日本語を勉強するのか？」について話してもらうのですが、70代の男性が「成長のため」と言っていたのを思い出します。

人間の脳は、体験を重ねることで何歳になっても成長するとわかっています。いくつになっても、下り坂どころか、自分のペースで坂を上り続けるのを楽しむことができます。その坂は「１００歳で短距離走」といった急坂である必要はなく、ちょっと踏み出すのを楽しむ程度の自分に合った斜面でいいのです。思い出していきたいですね。

親が子どもに対応する力も工夫と実践を重ねるとよりよくなる

子育てがうまくいかないと感じると、「自分はダメな親だな」と思うこともあるかもしれません。そんなときこそ、第7章で紹介した「成長型マインドセット」を思い出してください。能力は鍛えるほど高まっていくのです。

子どもと向き合い、対応について工夫、実践する毎日とは、親の子どもへの対応力をアップする過程です。**難しい状態や状況を一つひとつ乗り越えるたびに、親として成長します。**

私達は、ある日突然、親になります。一昔前のように大家族に囲まれ日常生活の中で赤ちゃんや年下の子どもと交わり、子どもへの対応を自然に学ぶという機会は少なくなりました。また、親になったらどういうことが待っているかについて学校で学ぶわけでもありません。

子どもが0歳ならば、親も0歳です。子どもと一緒に少しずつ自分のペースで成長すれば十分。そして、いくつになっても、成長の可能性を楽しんでいきましょう。

8 喜びには5つの層がある

子どもに「人生を楽しんでほしい」と願うとき、親にできることのひとつが、親自身が好奇心や遊び心を持って、楽しく暮らすことです。周りの雰囲気を強烈に感じ取る敏感っ子ですから、親の様子もよく見ているものです。楽しそうな大人が周りにいれば、敏感っ子も希望を持つことができるでしょう。

日常に散りばめられた「喜びの層」を見出す

人生を楽しむために、何か特別なことをしたり、特別な地へと出かけるのもいいですが、子育て生活ではなかなかそうはいかないものです。また、無理に楽しそうに振る舞っても、疲れてしまいますし、ストレスもたまります。

ここでは、日常生活でも簡単にできる、人生を楽しむ方法を紹介します。それは、日常を眺める視点を少し変えてみることで、目の前にある喜びを見つけることです。

喜びの５層を意識する

喜びには、目に見えるものから、目に見えないものまで、いくつもの層があるととらえてみます。ひとつの物事に対してより多くの喜びを味わえば、人生はより豊かで深く楽しいものとなるでしょう。

たとえば、日常的な家族での食事風景にも、次のような喜びを見出すことができます。

①五感でとらえる喜び

料理や器の色や形、立ち上がる湯気と部屋を満たす美味しそうな匂い、子どもやパートナーが話す声、口の中に広がる美味しさや食感など、まずは、目、鼻、耳、舌、口などの五感でとらえる喜びを味わうことができます。

②周りの人々と分かち合う喜び

「いい匂いだね」「美味しいね」と、五感で味わう喜びを、家族と分かち合う喜びがあります。食卓に並ぶ食材を手に入れるまでに、生産や流通に携わる多くの人の働きがあったこと。「帰り道に雨が降ってきたけど、傘を持っていてよかった」など、その日あった何気ない出来事や思いを分かち合える喜びがあります。

③意義を持つ喜び

子どもとパートナーが、快適で健やかに暮らすことを、経済面や心身面でサポートできること。未来を担う子どもを、日々、お世話していること。日々の取り組みに意味や目的を見出すことは、喜びをもたらしてくれます。

④創る喜び

冷蔵庫にあるものを組み合わせ、料理を創り出したこと。家族が健やかに暮らす場を創り出せていること。また家族と過ごす喜びを、絵に描いたり、文章や詩や俳句などの言葉で表現することもできます。創り出す喜びは、この上ないものです。

⑤不思議を味わう喜び

食べ物が育った壮大な自然のサイクル。目の前の食卓に上ったそれぞれの食材との縁。そして、70億を超える人が生きるこの世界で、パートナーと出逢い、愛し、結ばれ、命が授けられ、その子どもがここまで育ち、今こうして一緒に食事を楽しんでいるという不思議を味わう喜びがあります。

目の前のあらゆる物事に、喜びが溢れています。喜びにフォーカスすることで、喜びを手にする前には想像もつかなかった人生を歩むことができるでしょう。

おわりに

我が家の5人の敏感っ子達は、現在も様々起こることに揉まれながら、それぞれの日々を暮らしています。

大学でコンピュータサイエンスと天体物理学を専攻する長男は、仕事も2つ持ち、いくつかの起業にも関わり、恋人と仲睦まじく大学生活を楽しんでいます。

世界中から集まる友人達と寮生活を満喫する長女は、大学自治会のメンバーとなり、環境保護や人種差別反対などの政治運動にも参加しています。最近はベジタリアンになったと報告してくれました。

完璧主義傾向が強かった次女は、その強いこだわりを、絵を描くことや写真撮影に活かしています。長男と長女が大学生活を大いに楽しむ様子に感化され、希望する進路に向けて、学校の課題や統一テストの勉強を頑張っています。

周りの人の気持ちを優先し、いつもニコニコとほがらかな三女は、パンデミックで家族が家にこもる中、料理の腕を上げ、食事やお菓子作りに精を出しています。パンデミックで大好きなサッカーを半年近くできない間、スケボーが上達した次男は、三女と一緒にマインクラフトにはまっています。

そんな5人に、「敏感っ子と、その親御さんに何を伝えたい？」と聞いてみました。自分達もきつい時期を通ってきた分、それぞれ言いたいことがあるようです。

●次男（11歳）
敏感っ子へ　「よく休憩してね」
親御さんへ　「どうぞ怒らないであげてください」

●三女（13歳）
敏感っ子へ　「大丈夫だよ。Chill Out（落ち着いて）」
親御さんへ　「一緒に呼吸をしてあげてください」

●次女（16歳）
敏感っ子へ　「最後に問題になるのは最善を尽くしたかどうかだけ」
親御さんへ　「時間をかけさせてあげてください。忍耐強くあってください」

●長女（19歳）

敏感っ子へ　「あなたが感じていることは正しい」

親御さんへ　「子どもが感じたいように感じさせてあげてください」

●長男（21歳）

敏感っ子へ　「すべての人にも物事にも終わりがくる。だからそんなに心配しなくていいよ」

親御さんへ　「どれほど助けたとしても、子どもの達成をあなたの達成と主張しないでください。子どもはいつかきっと、あなたがどれほどのことをしてくれたか理解します」

これからも、私達の人生には、様々なことが起こるでしょう。

でも、立ち直る力を育むことで、どんな困難も、きっと乗り越えていけるはずです。

皆さん、今できることを、少しずつ重ねていきましょう。

著者プロフィール

長岡　真意子(ながおか　まいこ)

「子育ち」研究家&ライター

名古屋大学大学院人間情報学研究科修士課程修了(文化人類学専攻)。二男三女の母。

16歳のとき父親と共にインドを旅し、文化人類学を学ぼうと決意。南山大学人類学科に進学。学部生時代は北米、中米、ヨーロッパ、アジア、中東をバックパックで旅する。大学院生時代にアラスカで出会ったチリ出身の男性と入籍、日本とアラスカで別居婚を始める。1999年、2年間の別居婚を終えアラスカに移住、長男を出産。2001年長女、03年次女、07年三女、09年次男出産。

5人の子がアラスカ州の「ギフテッドプログラム」に入ったのをきっかけに、2005年～2015年の約10年間、ギフテッド教育コミュニティーに関わる。その他にも、5人の子育てを通し様々なコミュニティー活動に参加。アラスカ大学日本語講師、幼児教室の主宰など、幼児から大人まで800人余りの育ちをサポートした経験を持つ。

また、『オールアバウト』などで国内外1000以上の文献に基づく子育て記事を多数執筆。「ハイリーセンシティブチャイルド(HSC)」や「子どもとの関わり方」関連記事のPV累計500万以上。初の著書『敏感っ子を育てるママの不安がなくなる本』(秀和システム)も好評を博した。

5人の子は過度激動やHSCの特徴が見られる敏感っ子だが、長男は高校時代に起業し、名門・シカゴ大学に進学するなど、それぞれ夢や好きなことを見つけ、健やかに成長している。2020年9月よりカリブ海の島に暮らす。

●注意

(1) 本書は著者が独自に調査した結果を出版したものです。
(2) 本書は内容について万全を期して作成いたしましたが、万一、ご不審な点や誤り、記載漏れなどお気付きの点がありましたら、出版元まで書面にてご連絡ください。
(3) 本書の内容に関して運用した結果の影響については、上記(2)項にかかわらず責任を負いかねます。あらかじめご了承ください。
(4) 本書の全部または一部について、出版元から文書による承諾を得ずに複製することは禁じられています。
(5) 本書に記載されている会社名、商品名などは一般に各社の商標または登録商標です。

装丁　**室田敏江（志岐デザイン事務所）**
カバー・本文イラスト　**イイノスズ**

敏感《びんかん》っ子《こ》を育《そだ》てるママの不安《ふあん》が
なくなる本《ほん》
「立《た》ち直《なお》る力《ちから》」育成編《いくせいへん》

発行日　2021年　2月　1日　第1版第1刷
　　　　2021年　9月　1日　第1版第2刷

著　者　長岡《ながおか》　真意子《まいこ》

発行者　斉藤　和邦
発行所　株式会社　秀和システム
〒135-0016
東京都江東区東陽2-4-2　新宮ビル2F
Tel 03-6264-3105（販売）　Fax 03-6264-3094
印刷所　日経印刷株式会社　Printed in Japan

ISBN978-4-7980-6291-4 C0037

定価はカバーに表示してあります。

乱丁本・落丁本はお取りかえいたします。

本書に関するご質問については、ご質問の内容と住所、氏名、電話番号を明記のうえ、当社編集部宛FAXまたは書面にてお送りください。お電話によるご質問は受け付けておりませんのであらかじめご了承ください。